ドリル&ドリル

日本語能力試験

N3
基礎力
アップ

文字・語彙／文法／読解／聴解

著者：星野恵子 ＋ 辻 和子

N3を目指す人 N3

UNICOM Inc.

目次
もく　じ

別冊　正解と少し難しい言葉の翻訳
べっさつ　せいかい　すこ　むずか　ことば　ほんやく
[Separate Booklet] Correct answers and translation of slightly difficult words
[Sách đính kèm] Bản dịch phần đáp án và các từ hơi khó

索引　Index / Mục lục
さくいん

この本の使い方
How to use this book
Cách sử dụng cuốn sách này
(ほん)(つか)(かた)

◇ この本は、次のような人におすすめします。
(ほん)　(つぎ)　　　　　　　　(ひと)

・ 日本語能力試験 N3 を目指してこれから勉強を始める人
(に ほん ご のうりょく し けん)　　　(め ざ)　　　　　　　　(べんきょう)(はじ)　(ひと)

・ 日本語能力試験 N3 対策の問題集が少し難しいと感じる人
(に ほん ご のうりょく し けん)　(たいさく)(もんだいしゅう)(すこ)(むずか)　　　(かん)　(ひと)

◇ この本の特長と使い方
(ほん)　(とくちょう)(つか)(かた)

① 分野別に問題を解きながら、無理なく、勉強を進めることができます。
(ぶん や べつ)(もんだい)(と)　　　　　(む り)　　　(べんきょう)(すす)

| 文字・語彙 (も じ)(ご い) | 話題別に単語のチェックをします。知らない単語は意味を確認して覚えましょう。(わ だいべつ)(たん ご)(し)(たん ご)(い み)(かくにん)(おぼ) |

「覚えましょう！」の翻訳は別冊にあります。
(おぼ)　　　　　　　　(ほんやく)　(べっさつ)

| 文　法 (ぶん)(ぽう) | 第1回～第4回でN4までの文法項目の復習をし、第5回～第10回でN3の勉強を始めるときに知っておきたい文法項目を、問題を解きながら確認していきます。(だい かい)(だい かい)(ぶんぽうこうもく)(ふくしゅう)(だい かい)(だい かい)(べんきょう)(はじ)(ぶんぽうこうもく)(もんだい)(と)(かくにん) |

| 読　解 (どっ)(かい) | 第1回で接続詞、こ・そ・あ・どや、読解のキーになる表現のチェックをします。第2回～第8回は、問題形式別に内容理解や情報検索の練習をします。(だい かい)(せつぞく し)(どっかい)(ひょうげん)(だい かい)(だい かい)(もんだいけいしきべつ)(ないよう り かい)(じょうほうえんさく)(れんしゅう) |

| 聴　解 (ちょう)(かい) | 第1回で音の変化、表現や接続など、会話を聞き取るポイントのチェックをします。第2回～第10回では、問題形式別に聞き取りの練習をします。（→ CD の利用方法）(だい かい)(おと)(へん か)(ひょうげん)(せつぞく)(かい わ)(き)(と)(だい かい)(だい かい)(もんだいけいしきべつ)(き)(と)(れんしゅう)(り ようほうほう) |

② 語句や難しい説明に翻訳（英語・ベトナム語）つき。

N3 レベル以上の言葉には、簡単な日本語や英語・ベトナム語で意味を示してあります。

X だけでなく Y も～ ＝ X も Y もどちらも～	[弟] だけでなく [兄も背が高い]：弟も兄も背が高 [行く・大きい・元気・休み圖] だけでなく ● この薬局は薬だけでなく、日用品＊も～
～に限る	[行く・大きい・元気・休み圖] に限る

別冊

第5回

わかりますか？

■ 日用品　daily commodities / đồ dùng hàng ngày

練習しましょう

「＊」がついている言葉の意味がわからないときは、
圖を見てください。

③ 日本語能力試験形式の問題で実力チェック。

毎回、日本語能力試験に出題される問題形式の問題を解きます（「やってみましょう」）。
1回ごとに必ず成績をチェックして、ページの右上の得点欄に点数を書き入れてください。
実力がどれだけ伸びたか自分で確認することできます。

やってみましょう
Let's try!
Hãy thử sức　**A**

日付	／	／	／
得点	／8	／8	／8

日本語能力試験形式問題　言語知識（漢字読み）

＿＿＿＿のことばの読み方として最もよいものを、1・2・3・4から一つえらびなさい。

④ 解答と少し難しい言葉の翻訳は別冊に。

「練習しましょう」「やってみましょう」の答えと、少し難しい言葉の翻訳は、参照
しやすいように別冊にまとめてあります。

CD の利用方法

＊この本には CD が1枚ついています。
＊音声マークがあるところでは、必ず CD を聞いてください。
＊必要なときは CD を一時停止しましょう。

))) 10● 音声のトラック No. を表しています。

教室用音声提供のご案内

本書には CD がついていますが、問題に答えるための時間を十分にとった教室用の音声を別途ご用意いた
しております。必要な場合は以下にご連絡ください。無償ダウンロードの URL をお知らせいたします。

連絡先：oto2022@unicom-lra.co.jp

How to use this book

◇ This book is recommended for people:

- Beginning to study for the Japanese Language Proficiency Test (JLPT) N3
- Finding the practice questions for JLPT N3 somewhat difficult

◇ Guidelines in using this book:

① You may solve problems in each area to gradually progress with your studies.

Vocabulary	You may explore different sets of vocabularies according to different topics. If you don't understand the word, make sure you write down the meaning of it to memorise.

The translation of " 覚えましょう !" is in the Separate Booklet.

Grammar	Sections 1 through 4 revises the grammar up to N4, after which you move on to Section 5 through 10 in which it covers a range of grammar that you need to know commencing your study for the N3 test.

Reading comprehension	Section 1 explores the key grammar representations that help with reading comprehension such as conjunctions and *ko-so-a-do* demonstratives. In section 2 through 8 you can do practice questions that enhance your skills in understanding the stimulus and picking out information.

Listening comprehension	You can look at change in intonation, verbal representations and connections, and important points to pick out of conversations in section 1. In section 2 to 10 you can practice your listening skills keeping those points in mind, solving a series of questions. (Find page 5 for instructions on using our CDs)

② For high level vocabulary or instructions there will be translations in English and Vietnamese.

Any words from level above N3 will have basic Japanese meanings with translations in English and Vietnamese.

For assistance, you may seek the ■ mark for the words that are highlighted with asterisk

③ Check your level of Japanese by solving some JLPT N3 structured questions.

You will be solving the most common questions across the last few JLPT papers (「やってみましょう」). Always check your results after each section and write your score in the top right corner of the page. This way you can see how well you are progressing.

④ Translations for: answers and words that are slightly harder to understand, can be found in the separate booklet.

For example, answers to questions such as 「練習しましょう」 and 「やってみましょう」 can be found in the separate booklet to make it easier for you to compare to your answer.

How to use the CD

- There is a CD attached to this book.
- Be sure to listen to the CD where there is a sound mark.
- When necessary pause the CD.

 10

The sound indicates the track number.

Cách sử dụng cuốn sách này

◇ **Cuốn sách này dành cho những đối tượng sau:**

- Người mới bắt đầu học để thi cấp độ N3 Kỳ thi năng lực Nhật ngữ
- Người cảm thấy bộ đề luyện thi N3 của Kỳ thi năng lực Nhật ngữ hơi khó

◇ **Đặc điểm và cách sử dụng cuốn sách này:**

① **Có thể học một cách nhẹ nhàng bằng cách giải bài tập theo từng chủ đề.**

| Chữ viết & Từ vựng | Kiểm tra từ vựng theo từng chủ đề. Với những từ không biết, nên tra nghĩa và ghi nhớ. |

Xem bản dịch của phần " 覚えましょう! (Hãy ghi nhớ)" ở Sách đính kèm.

| Ngữ pháp | Từ Bài 1 đến Bài 4 sẽ ôn tập các mục ngữ pháp cho đến cấp độ N4, và từ Bài 5 đến Bài 10 sẽ bắt đầu học những mục ngữ pháp cần biết khi bắt đầu học N3, thông qua việc giải bài tập. |

| Đọc hiểu | Trong Bài 1, sẽ tìm hiểu về các liên từ, các chỉ thị từ *Ko, So, A, Do* cũng như các biểu hiện then chốt trong bài đọc hiểu. Từ Bài 2 đến Bài 8, sẽ luyện tập hiểu nội dung và tìm kiếm thông tin qua các dạng bài tập. |

| Nghe hiểu | Bài 1 sẽ kiểm tra những điều cần lưu ý khi nghe hội thoại như các dạng biến âm, cách diễn đạt, và các liên từ... Từ Bài 2 đến Bài 10, luyện nghe qua các dạng bài tập. (Cách sử dụng CD) |

② **Có bản dịch (tiếng Anh, tiếng Việt) cho những cụm từ và nội dung giải thích khó.**

Những từ vựng cấp độ N3 trở lên sẽ được giải thích nghĩa một cách dễ hiểu bằng tiếng Nhật, tiếng Anh và tiếng Việt.

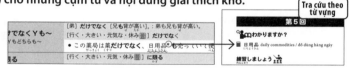

Nếu không hiểu ý nghĩa của từ được đánh dấu "*", hãy tham khảo █.

③ **Kiểm tra năng lực thông qua bài tập dạng đề của Kỳ thi năng lực tiếng Nhật**

Ở mỗi bài, sẽ giải các dạng bài tập dạng đề trong kỳ thi Năng lực tiếng Nhật (「やってみましょう」 "Hãy thử sức"). Sau mỗi lần, nhớ tính tổng điểm và ghi vào Ô chấm điểm ở góc trên bên phải của trang. Qua đó, có thể tự đánh giá xem năng lực của mình đã tiến bộ như thế nào.

④ **Có thể xem bản dịch cho phần đáp án và các từ hơi khó trong Sách đính kèm**

Bản dịch của đáp án phần 「練習しましょう」 (Hãy luyện tập), phần 「やってみましょう」 (Hãy thử sức) và những từ hơi khó, được tổng hợp trong cuốn Sách đính kèm để tiện tham khảo.

 Cách sử dụng CD

* CD được đính kèm trong giáo trình.
* Luôn nghe CD ở chỗ có ký hiệu âm thanh.
* Tạm dừng CD khi cần.

 10

Biểu thị số track trong CD.

- ●「文字・語彙」で勉強する言葉は、「文法」「読解」「聴解」でも出てきます。
　ですから、まず「文字・語彙」の学習から始めるとよいでしょう。

- ●「文法」で勉強する文型は、「読解」「聴解」でも出てきます。
　ですから、「読解」「聴解」の前に「文法」を終わらせるほうがいいでしょう。

- ●「読解」と「聴解」はどちらを先に勉強してもいいです。
　「読解」と「聴解」を交互に進めてもいいでしょう。

- Vocabulary you study in「文字・語彙」will also appear in「文法」「読解」「聴解」. Therefore, it is recommended for you to start from「文字・語彙」.
- Sentence patterns you can find in「文法」will also appear in「読解」「聴解」. Therefore, it is recommended for you to finish「文法」before「読解」「聴解」.
- You have the option to start either of the「読解」and「聴解」before one another. You may work on both as you go along.
- Từ vựng học trong mục「文字・語彙」(Chữ viết & Từ vựng) cũng sẽ xuất hiện trong phần「文法」(Ngữ pháp),「読解」(Đọc hiểu) và「聴解」(Nghe hiểu). Vì vậy, nên bắt đầu với việc học「文字・語彙」(Chữ viết & Từ vựng) trước.
- Mẫu câu học trong phần「文法」(Ngữ pháp) cũng sẽ xuất hiện trong phần「読解」(Đọc hiểu) và「聴解」(Nghe hiểu). Do đó, tốt hơn hết là nên hoàn thành phần「文法」(Ngữ pháp) trước khi bắt đầu phần「読解」(Đọc hiểu) và「聴解」(Nghe hiểu).
- Có thể học phần「読解」(Đọc hiểu) và「聴解」(Nghe hiểu) theo thứ tự tùy ý hoặc xen kẽ giữa hai kỹ năng này.

◇ 学習プラン例 Study guide example / Kế hoạch học tập mẫu

	プランA	プランB	プランC	プランD
1日目〜10日目	文字・語彙（第1回〜第8回）			文字・語彙／文法
11日目〜20日目	文法（第1回〜第10回）			読解／聴解
21日目			聴解　第1回	
22日目			読解　第1回	
23日目			聴解　第2回	
24日目	読解（第1回〜第8回）		読解　第2回	
25日目		聴解（第1回〜第10回）	聴解　第3回	
26日目			読解　第3回	
27日目			聴解　第4回	
28日目			読解　第4回	
29日目			聴解　第5回	「練習しましょう」「やってみましょう」をくり返しましょう。
30日目			読解　第5回	
31日目			聴解　第6回	
32日目			読解　第6回	
33日目	聴解（第1回〜第10回）		聴解　第7回	
34日目			読解　第7回	
35日目		読解（第1回〜第8回）	聴解　第8回	
36日目			読解　第8回	
37日目			聴解　第9回	
38日目			聴解　第10回	
39日目〜	「練習しましょう」「やってみましょう」をくり返しましょう。			

文字・語彙
もじ　ごい
Vocabulary
Chữ viết & Từ vựng

第1回
だいかい

生活①
せいかつ

Life ①
Đời sống ①

食べる＋健康
た　　　けんこう

Eating and health
Ăn uống + Sức khỏe

知っていますか？

Do you know?　◇　Bạn có biết?

食事
しょくじ

Meal
Ăn uống

おなかが いっぱい（だ）

full
no

おなかが すく / すいた

hungry
đói

食べすぎる
た

eat too much
ăn quá nhiều

食べきれない
た

cannot eat all
không thể ăn hết

のどが かわく / かわいた

thirsty
khát

うどん

udon noodles
mì udon

スパゲッティ

spaghetti
mì Ý, spaghetti

覚えましょう！
おぼ

Let's memorise!　◇　Hãy ghi nhớ!

- □ 食事（する）
  しょくじ
- □ （お）弁当
  べんとう
- □ （お）酒
  さけ
- □ 酔う
  よ

- □ 米
  こめ
- □ ご飯
  はん
- □ （米 / ご飯 を）炊く
  こめ　　はん　　　　た
- □ 炊飯器
  すいはんき
- □ 食器
  しょっき

- □ かむ
- □ かたい
- □ やわらかい
- □ （しょうゆを）かける

- □ （野菜・皿 を）洗う
  やさい　さら　　あら
- □ （肉・野菜 を）切る
  にく　やさい　　き
- □ 煮る
  に
- □ 焼く
  や

- □ くさい
- □ においが する
- □ くさる
- □ 保存（する）
  ほぞん

- □ 冷蔵（する）
  れいぞう
- □ 冷蔵庫
  れいぞうこ
- □ 冷凍（する）
  れいとう
- □ 冷凍食品
  れいとうしょくひん

- □ インスタント食品
  しょくひん
- □ 電子レンジ
  でんし
- □ 便利（な）
  べんり

- □ 栄養
  えいよう
- □ エネルギー
- □ （お）菓子
  かし
- □ デザート

- □ 朝食
  ちょうしょく
- □ 昼食
  ちゅうしょく
- □ 夕食
  ゆうしょく
- □ 晩ご飯
  ばん　はん

- □ 予約（する）
  よやく
- □ キャンセル（する）／取り消す
  と　け
- □ 禁煙席
  きんえんせき
- □ 喫煙席
  きつえんせき

病気・けが <small>びょうき</small> <small>Illness / Injury
Bệnh tật / Chấn thương</small>

けがを する <small>get injured
bị thương</small>
／けが（する） <small>injury
bị thương</small>

ねんざを する <small>sprain
bị bong gân,
bị sai khớp</small>
／ねんざ（する） <small>sprain
bong gân,
sai khớp</small>

血／血液 <small>ち けつえき</small>
blood
máu

骨が 折れる <small>ほね お</small> <small>break a bone
gãy xương</small>
／骨折（する） <small>こっせつ</small> <small>fracture
gãy xương</small>

やけどを する <small>suffer a burn
bị bỏng</small>
／やけど（する） <small>scald
bỏng</small>

風邪をひく <small>かぜ</small> <small>catch a cold
bị cảm</small>

せき <small>cough
ho</small>

ハクション

くしゃみ <small>sneeze
hắt hơi</small>

寒気 <small>さむけ</small> <small>chills
ớn lạnh</small>

鼻水 <small>はなみず</small> <small>runny nose
nước mũi</small>

知っていることばの □ に ✔ を付けましょう

- □ 体調 <small>たいちょう</small>
- □ 調子 <small>ちょうし</small>
- □ 気分 <small>きぶん</small>
- □ 健康（な） <small>けんこう</small>
- □ 睡眠 <small>すいみん</small>
- □ 病気に なる <small>びょうき</small>
- □ 頭 <small>あたま</small>
- □ おなか
- □ 指 <small>ゆび</small>
- □ ～が 痛い <small>いた</small>
- □ 頭痛 <small>ずつう</small>
- □ 腹痛 <small>ふくつう</small>
- □ 転ぶ <small>ころ</small>
- □ （頭／腰／ひざ を）打つ <small>あたま こし う</small>
- □ 倒れる <small>たお</small>
- □ 救急車 <small>きゅうきゅうしゃ</small>
- □ 患者 <small>かんじゃ</small>
- □ 看護師 <small>かんごし</small>
- □ 医師／医者 <small>いし いしゃ</small>
- □ 医院 <small>いいん</small>
- □ 歯医者 <small>はいしゃ</small>
- □ （医者に）診てもらう <small>いしゃ み</small>
- □ 検査（する） <small>けんさ</small>
- □ 治療（する） <small>ちりょう</small>
- □ 手術（する） <small>しゅじゅつ</small>
- □ 保険証 <small>ほけんしょう</small>
- □ 診察券 <small>しんさつけん</small>
- □ 診察室 <small>しんさつしつ</small>
- □ 検査室 <small>けんさしつ</small>
- □ レントゲン
- □ 薬局／薬屋 <small>やっきょく くすりや</small>
- □ 薬を 飲む <small>くすり の</small>
- □ 薬が 効く <small>くすり き</small>
- □ 効果 <small>こうか</small>
- □ 目薬を さす <small>めぐすり</small>
- □ 歯を みがく <small>は</small>
- □ 予防（する） <small>よぼう</small>
- □ ワクチン
- □ 食欲が ある／ない <small>しょくよく</small>
- □ 体に いい／悪い <small>からだ わる</small>
- □ 体力 <small>たいりょく</small>
- □ ダイエット
- □ 太る <small>ふと</small>
- □ やせる
- □ 体重が 増える／減る <small>たいじゅう ふ へ</small>

◆覚えましょう！の翻訳は別冊にあります <small>おぼ ほんやく べっさつ</small>

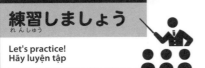
日付 ひづけ	／	／	／
得点 とくてん	／16	／16	／16

文字・語彙

文法

読解

聴解

問題 _____に最も合うものを _____ から一つえらんでください。
もっと

①

1. 料理をいろいろ注文したが、_____残してしまった。
   ちゅうもん　　　　　　　　　　　　のこ

2. アイスクリームがおいしかったので、_____、おなかが痛くなった。
   いた

3. 食べるときは、よく_____、ゆっくり食べましょう。

4. 久しぶりにワインを飲んだら、_____気分が悪くなった。
   ひさ　　　　　　　　　　　　　　　　　きぶん　わる

   > a. かんで　　　b. よって　　　c. 食べきれなくて　　　d. 食べすぎて

②

1. 食事の後の_____に果物はいかがですか。
   しょくじ　あと　　　　　　くだもの

2. 昼はあまり時間がないので、食事はカップラーメンなどの_____を
   ひる　　　　　　　　　　　　　　しょくじ
   食べている。

3. _____は、電子レンジで温めるだけで食べられるので、とても
   でんし　　　　　あたた
   便利だ。
   べんり

4. 私はチョコレートやキャンディなどの甘い_____が好きです。
   わたし　　　　　　　　　　　　　　　　　あま

   > a. お菓子　　　b. デザート　　　c. インスタント食品　　　d. 冷凍食品
   > 　　 か し　　　　　　　　　　　　　　しょくひん　　　れいとうしょくひん

③

1. 頭が痛かったので、病院で_____もらった。
   あたま いた　　　　びょういん

2. 祖母は食事の後にいつも薬を_____いる。
   そ ぼ しょくじ あと　　　くすり

3. せきがひどかったが、薬が_____、よくなってきた。
   くすり

4. 1日2回、この目薬を_____ください。
   め ぐすり

   > a. 診て　　　b. 効いて　　　c. 飲んで　　　d. さして
   > 　 み　　　　　 き

④

1. 私は_____のために、夜は早く寝るようにしています。
   わたし　　　　　　　　　　よる はや ね

2. さっきから_____がする。風邪かもしれない。
   　　　　　　　　　　　　　かぜ

3. 申し訳ありませんが、今日は_____が悪いので、欠席します。
   もう わけ　　　　　　　きょう　　　　　　　　けっせき

4. サッカーの練習中に_____をして、試合に出られなくなってしまった。
   れんしゅうちゅう　　　　　　　　し あい

   > a. 体調　　　b. けが　　　c. 健康　　　d. 寒気
   > 　たいちょう　　　　　　　　 けんこう　　　 さむ け

12

◆ **練習しましょう** の正解は別冊にあります
　れんしゅう　　　　せいかい べっさつ

第1回

第2回

第3回

第4回

第5回

第6回

第7回

第8回

日本語能力試験形式問題　言語知識（漢字読み）

＿＿＿＿＿のことばの読み方として最もよいものを、1・2・3・4から一つえらびなさい。

---

1 日曜日、いっしょに食事をしませんか。

1 しょくじ　　　2 しゅくじ　　　3 しょくご　　　4 しゅくご

2 久しぶりに友達に会うので、レストランを予約した。

1 ゆやく　　　2 ゆうやく　　　3 よやく　　　4 ようやく

3 こちらは禁煙席です。たばこはあちらでどうぞ。

1 きついんせき　2 きつえんせき　3 きんいんせき　4 きんえんせき

4 野菜も冷凍すれば長く保存できる。

1 ほそん　　　2 ほぞん　　　3 ほうそん　　　4 ほうぞん

5 寝る前に必ず歯をみがきましょう。

1 や　　　2 し　　　3 は　　　4 ち

6 今日の昼食はうどんにしよう。

1 ひるたべ　　　2 ひるめし　　　3 ちゅうしょく　4 ちょうしょく

7 川田さん、検査室にお入りください。

1 しんさつしつ　2 けんさしつ　　3 まちあいしつ　4 こういしつ

8 夜中に高い熱が出て、救急車を呼んだ。

1 きゅきゅしゃ　　　　　　2 きゅきゅうしゃ

3 きゅうきゅしゃ　　　　　4 きゅうきゅうしゃ

◆ **やってみましょう** の正解は別冊にあります
せいかい　　べっさつ

文字・語彙
文法
読解
聴解

日本語能力試験形式問題　言語知識（表記）

＿＿＿＿のことばを漢字で書くとき、最もよいものを、1・2・3・4から一つえらびなさい。

1 私は、ようしょくではスパゲッティが好きです。

1 和食 2 洋食 3 用食 4 夕食

2 おさけが飲めないので、お茶かジュースにします。

1 酉 2 酋 3 酒 4 配

3 野菜は小さくきってください。

1 加って 2 初って 3 功って 4 切って

4 ちょうしょくを食べなかったので、おなかがすいた。

1 朝食 2 夕食 3 昼食 4 中食

5 今日は体のちょうしがいい。

1 長試 2 朝視 3 調子 4 彫支

6 旅行中、あたまが痛くなったとき、薬がなくて困りました。

1 頭 2 願 3 顔 4 頼

7 指をちょっと切っただけなのに、ちがたくさん出た。

1 皿 2 血 3 由 4 曲

8 あの病院には有名ないしゃがいる。

1 匠者 2 匡者 3 国者 4 医者

第1回

第2回

第3回

第4回

第5回

第6回

第7回

第8回

やってみましょう

Let's try!
Hãy thử sức **C**

日本語能力試験形式問題　言語知識（語彙）

（　　　）に入れるのに最もよいものを、1・2・3・4から一つえらびなさい。

1 すみません。予約を（　　　　）したいのですが。

1　アドバイス　　　2　キャンセル　　　3　スケジュール　4　サービス

2 ああ、おいしかった。おなかが（　　　　）、もう何も食べられないよ。

1　大きくて　　　2　多くて　　　　3　たくさんで　　4　いっぱいで

3 歯が痛いので、（　　　　）ものしか食べられない。

1　ゆるい　　　　2　きつい　　　　3　やわらかい　　4　くさい

4 あれ？　この牛乳、変なにおいがするよ。（　　　　）んじゃない？

1　くさっている　2　ちぢんでいる　3　さめている　　4　のびている

5 初めて病院へ行くときは（　　　　）を持っていきます。

1　保険証　　　　2　身分証明書　　3　診察券　　　4　会員カード

6 入院中は、（　　　　）のみなさんに大変お世話になりました。

1　教師　　　　　2　看護師　　　　3　消防士　　　4　店員

7 友達は、ダイエットをして5キロも（　　　　）そうだ。

1　とった　　　　2　なくした　　　3　やめた　　　4　やせた

8 朝からせきが出て、鼻水が止まらない。風邪を（　　　　）ようだ。

1　ひいた　　　　2　とった　　　　3　うつした　　4　受けた

◆ **やってみましょう** の正解は別冊にあります

第2回
だい かい

生活②
せいかつ

Life ②
Đời sống ②

お金　買い物　家の中での行動　習慣など
かね　か　もの　いえ　なか　こうどう　しゅうかん

money/shopping/behavior at home/habits, etc.
Tiền / Mua sắm / Hành động trong nhà / Thói quen

文字・語彙

文法

読解

聴解

知っていますか？

Do you know?　◇　Bạn có biết?

家の中で
いえ　なか

In the house
Trong nhà

運ぶ　carry
はこ　mang, vận chuyển

置く　put, place
お　để

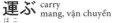

飾る　decorate
かざ　trang trí

ペットボトル

plastic bottle, PET bottle
(PET: polyethylene terephthalate)
chai nhựa

空き缶
あ　かん

empty cans
lon rỗng

拾う　pick up
ひろ　nhặt

ごみ　garbage
rác

踏む　step on
ふ　dẫm

捨てる　throw away
す　vứt

空きびん　empty bottles
あ　chai rỗng

覚えましょう！
おぼ

Let's memorise!　◇　Hãy ghi nhớ!

- 生活（する）せいかつ
- 暮らす く
- 暮らし く
- 習慣 しゅうかん
- 工夫（する）くふう

- 起きる - 起こす お　お
- 急ぐ いそ
- 散らかる - 散らかす ち　ち

- なくなる - なくす
- 探す さが
- 見つかる - 見つける み　み

- こぼれる - こぼす
- ふく
- ぞうきん
- 流れる - 流す なが　なが

- 掃除機 そうじき
- 洗濯機 せんたくき
- （シャツが）ちぢむ / のびる

- ほす
- かわく - かわかす
- 湿る しめ

- たたむ
- しまう
- 手間 てま
- 手間が かかる - 手間を かける てま　てま

- 布団 ふとん
- （お）風呂 ふろ
- ロッカー
- 着替える きが

- 動く - 動かす うご　うご
- 壊れる - 壊す こわ　こわ
- 破れる - 破る やぶ　やぶ
- 修理（する）しゅうり

- ごみ置き場 お　ば
- 燃やすごみ も
- 燃やさないごみ も
- プラスチック

- リサイクル
- もったいない
- 減る - 減らす へ　へ
- 管理（する）かんり

16

第1回
第2回
第3回
第4回
第5回
第6回
第7回
第8回

買い物
（か）（もの）
Shopping
Mua sắm

スーパー（マーケット）　supermarket
siêu thị

食品　food
（しょくひん）　đồ ăn

売り場　sales floor
（う）（ば）　khu bán hàng

1つ 300円
3つで 500円！

お得（な）
（とく）
cheap, profitable
giá rẻ, giá hời

お得ですよ！
（とく）

自動販売機
（じ）（どう）（はん）（ばい）（き）
vending machine
máy bán hàng tự động

Sale!

セール　sale
giảm giá, khuyến mãi

かご　(shopping) basket
giỏ mua hàng

知っていることばの ☐ に
✔ を付けましょう
（つ）

☐ 売る／売っている
（う）　（う）

☐ 売れる
（う）

☐ 金額
（きんがく）

☐（お）札
（さつ）

☐ 無料
（む）（りょう）

☐ サービス（する）

☐ 注文（する）
（ちゅうもん）

☐ 配達（する）
（はい）（たつ）

☐ 届く
（とど）

☐ 受け取る
（う）（と）

☐ 必要（な）
（ひつよう）

☐ 十分（な）
（じゅうぶん）

☐ 豊富（な）
（ほう）（ふ）

☐ 足りる／足りない
（た）　（た）

☐ 予算
（よ）（さん）

☐ むだ（な）

☐ 節約（する）
（せつやく）

☐ 貯金（する）
（ちょきん）

☐ 家賃
（や）（ちん）

☐ 〜費〔交通費／生活費〕
（ひ）（こう）（つう）（ひ）（せい）（かつ）（ひ）

☐ 食費
（しょく）（ひ）

☐ 〜代〔水道代／電気代〕
（だい）（すい）（どう）（だい）（でん）（き）（だい）

☐ 〜料金〔水道料金／電気料金〕
（りょう）（きん）（すい）（どう）（りょう）（きん）（でん）（き）（りょう）（きん）

☐ 予定（する）
（よ）（てい）

☐ スケジュール

☐ 都合（が いい／悪い）
（つ）（ごう）　　　　　（わる）

☐ 無理（な）
（む）（り）

☐ 忘れる
（わす）

☐ 興味
（きょう）（み）

☐ 関心
（かん）（しん）

☐ 今週
（こん）（しゅう）

☐ 週末
（しゅう）（まつ）

☐ 休日
（きゅう）（じつ）

☐ 先日
（せん）（じつ）

☐ 当日
（とう）（じつ）

☐ 今朝
（け）（さ）

☐ ゆうべ

☐ 夜中
（よ）（なか）

◆覚えましょう！の翻訳は別冊にあります
（おぼ）　　　　　（ほん）（やく）（べっ）（さつ）

練習しましょう
れんしゅう

Let's practice!
Hãy luyện tập

日付 ひづけ	／	／	／
得点 とくてん	／16	／16	／16

文字・語彙

文法

読解

聴解

問題 ＿＿＿＿に最も合うものを ＿＿＿＿ から一つえらんでください。
もっと

① 1. このアパートは駅前で便利だが、＿＿＿＿が高いので引っ越したい。
えきまえ べんり ひ こ

2. 東京から大阪までの＿＿＿＿は新幹線よりバスのほうが安い。
とうきょう おおさか しんかんせん

3. ＿＿＿＿を減らすために、庭で野菜を作っている。
へ にわ やさい

4. ガスや水道が値上がり＊して、＿＿＿＿が増えた。
すいどう ね あ ふ

a. 交通費 こうつうひ	b. 食費 しょくひ	c. 生活費 せいかつひ	d. 家賃 やちん

② 1. 旅行のために貯金しているので、＿＿＿＿な買い物はしないように
りょこう ちょきん
気をつけている。

2. この料理に＿＿＿＿な野菜は何ですか。
なん

3. 1つ300円のお菓子が3つで500円になるので、＿＿＿＿です。
か し

4. 健康な生活のために、栄養と睡眠を＿＿＿＿に取りましょう。
けんこう せいかつ えいよう すいみん と

a. お得 とく	b. 必要 ひつよう	c. むだ	d. 十分 じゅうぶん

③ 1. 誕生日のお客様には、飲み物を＿＿＿＿します。
たんじょうび きゃくさま

2. デパートの＿＿＿＿が始まるので、店の前に人がたくさん並んでいる。
はじ なら

3. 食品が入っていた＿＿＿＿の入れ物は、よく洗ってから捨ててくだ
しょくひん はい い もの あら す
さい。

4. 暑いので、自動販売機で＿＿＿＿のジュースを買って飲んだ。
じどうはんばいき

a. プラスチック	b. ペットボトル	c. サービス	d. セール

④ 1. 大事なものは引き出しの中に＿＿＿＿あります。
だいじ ひ だ

2. 父が大切にしているカメラを＿＿＿＿しかられた。

3. その大きい荷物はとなりの部屋に＿＿＿＿ください。
にもつ へや

4. きれいな花で部屋を＿＿＿＿、お客様を迎えましょう。
へや きゃくさま むか

a. しまって	b. 飾って かざ	c. 置いて お	d. 壊して こわ

18

◆ **練習しましょう** の正解・少し難しい言葉（＊）の翻訳は別冊にあります
れんしゅう せいかい むずか ことば ほんやく べっさつ

第1回
第2回
第3回
第4回
第5回
第6回
第7回
第8回

やってみましょう

Let's try!
Hãy thử sức　A

日付 ひづけ	／	／	／
得点 とくてん	／8	／8	／8

日本語能力試験形式問題　言語知識（漢字読み）

＿＿＿＿のことばの読み方として最もよいものを、1・2・3・4から一つえらびなさい。

1 水や電気を節約してください。

　　1　せちやく　　　　2　せっやく　　　　3　せつやく　　　　4　せっかく

2 朝起きて犬の散歩に行くのが習慣になっている。

　　1　しゅかん　　　　2　しゅうかん　　　3　ならなれ　　　　4　ならわし

3 休日はゲームばかりして一日が過ぎる。

　　1　きょうにち　　　2　きゅうにち　　　3　きょうじつ　　　4　きゅうじつ

4 あなたの都合のいい日を知らせてください。

　　1　とごう　　　　　2　つうご　　　　　3　つごう　　　　　4　とご

5 ゆうべは夜中の3時まで起きていた。

　　1　よるなか　　　　2　よなか　　　　　3　やちゅう　　　　4　やじゅう

6 もう10時だ。急ごう。

　　1　きゅうごう　　　2　いそごう　　　　3　きゅごう　　　　4　いすごう

7 新しい町の暮らしにもう慣れましたか。

　　1　くらし　　　　　2　ふらし　　　　　3　ちらし　　　　　4　ぬらし

8 今朝は空がよく晴れています。

　　1　いまあさ　　　　2　いまさ　　　　　3　けあさ　　　　　4　けさ

◆ **やってみましょう** の正解は別冊にあります
せいかい　　べっさつ

日付 ひづけ	／	／	／
得点 とくてん	／8	／8	／8

日本語能力試験形式問題　言語知識（表記）

_____のことばを漢字で書くとき、最もよいものを、1・2・3・4から一つえらびなさい。

1　昨日買い物したとき、お金が<u>たりなかった</u>ので、カードで払った。
きのう　　　　　　　　　　　　　　　　　　　　　　　　　　　　　　はら

1　足りなかった　　　　　　　　2　手りなかった

3　頭りなかった　　　　　　　　4　指りなかった

2　今月は<u>すいどうだい</u>がいつもより高かった。

1　水道第　　　　　2　水道台　　　　　3　水道代　　　　　4　水道費

3　ボランティアで道路のごみを<u>ひろう</u>仕事をした。
どうろ

1　払う　　　　　2　拾う　　　　　3　打う　　　　　4　投う

4　今度の<u>しゅうまつ</u>、いっしょに横浜へ行かない？
よこはま

1　周未　　　　　2　周末　　　　　3　週未　　　　　4　週末

5　先週注文した本を今日<u>うけとった</u>。
ちゅうもん

1　授け取った　　2　受け取った　　3　授け得った　　4　受け得った

6　忘れないように、カレンダーに<u>よてい</u>を書いておこう。
わす

1　余定　　　　　2　予定　　　　　3　余程　　　　　4　予程

7　このかばんを部屋まで<u>はこんで</u>ください。
へや

1　運んで　　　　2　選んで　　　　3　進んで　　　　4　返んで

8　ごみや汚い水を川に<u>ながして</u>はいけない。
きたな

1　洗して　　　　2　長して　　　　3　疏して　　　　4　流して

やってみましょう

Let's try!
Hãy thử sức **C**

日付 ひづけ	／	／	／
得点 とくてん	／8	／8	／8

日本語能力試験形式問題　言語知識（語彙）

（　　　）に入れるのに最もよいものを、1・2・3・4から一つえらびなさい。

---

1 そのバナナ、まだ食べられるよ。（　　　　　）から、食べてしまおう。

　 1　おさない　　　　2　しかたない　　　3　つまらない　　　4　もったいない

2 めがねを足で（　　　　　）、壊してしまった。

　 1　たたいて　　　　2　ふんで　　　　　3　かんで　　　　　4　つけて

3 もう着ない古い服をごみ置き場に（　　　　）。

　 1　やめた　　　　　2　すてた　　　　　3　とめた　　　　　4　ためた

4 白いシャツにコーヒーを（　　　　）しまった。

　 1　ちらかして　　　2　ながして　　　　3　こぼして　　　　4　かわかして

5 この仕事を今日中にするのは、ちょっと（　　　　　）です。

　 1　むり　　　　　　2　たいくつ　　　　3　てきとう　　　　4　べんり

6 なくしたと思っていたペンを妹が（　　　　）くれた。

　 1　ながして　　　　2　たすけて　　　　3　なおして　　　　4　みつけて

7 こちらのパンはテレビで紹介されたので、よく（　　　　　）います。

　 1　入って　　　　　2　持って　　　　　3　売れて　　　　　4　取って

8 洗濯機が壊れたが、自分で（　　　　）して使えるようにした。

　 1　計画　　　　　　2　修理　　　　　　3　予算　　　　　　4　準備

◆ **やってみましょう** の正解は別冊にあります

21

文字・語彙

文法

読解

聴解

知っていますか？
Do you know? ◇ Bạn có biết?

道案内
みちあんない

Directions
Chỉ đường

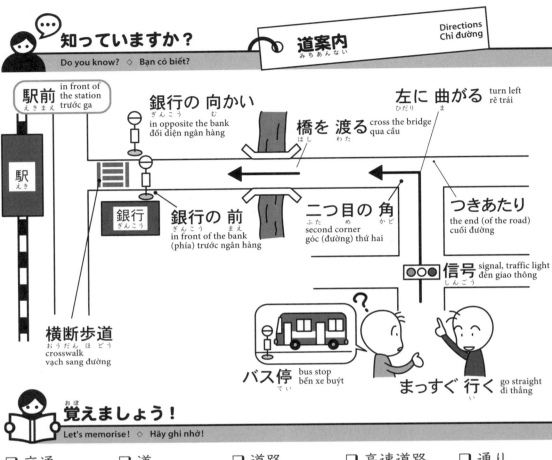

駅前
えきまえ
in front of the station
trước ga

駅
えき

銀行の 向かい
ぎんこう む
in opposite the bank
đối diện ngân hàng

銀行
ぎんこう

銀行の 前
ぎんこう まえ
in front of the bank
(phía) trước ngân hàng

横断歩道
おうだんほどう
crosswalk
vạch sang đường

橋を 渡る
はし わた
cross the bridge
qua cầu

二つ目の 角
ふた め かど
second corner
góc (đường) thứ hai

左に 曲がる
ひだり ま
turn left
rẽ trái

つきあたり
the end (of the road)
cuối đường

信号
しんごう
signal, traffic light
đèn giao thông

バス停
てい
bus stop
bến xe buýt

まっすぐ 行く
い
go straight
đi thẳng

覚えましょう！
おぼ
Let's memorise! ◇ Hãy ghi nhớ!

- 交通
  こうつう
- 道
  みち
- 道路
  どうろ
- 高速道路
  こうそくどうろ
- 通り
  とお
- 交差点
  こうさてん
- 車道
  しゃどう
- 歩道
  ほどう
- 角
  かど
- 曲がり角
  ま かど
- （右 / 左 に）曲がる
  みぎ ひだり ま
- （信号 / 横断歩道 を）渡る
  しんごう おうだんほどう わた
- 目〔〜つ目〕
  め め
- 目的地
  もくてきち
- 行き先
  い/ゆ さき
- 〜行き
  い/ゆ
- 〜方面
  ほうめん
- 方向
  ほうこう
- 方角
  ほうがく
- アクセス
- コース
- 出発する／出る
  しゅっぱつ で
- 到着する／着く
  とうちゃく つ
- 運転（する）
  うんてん
- 駐車（する）
  ちゅうしゃ
- 通る
  とお
- 通り過ぎる
  とお す
- 途中
  とちゅう
- 戻る
  もど
- 迷う
  まよ
- 渋滞（する）
  じゅうたい
- （時間が）かかる
  じかん
- 間に合う
  ま あ
- トンネル
- 事故
  じこ
- ぶつかる
- スピード
- 免許
  めんきょ
- 安全（な）
  あんぜん
- 危険（な）
  きけん
- 禁止（する）
  きんし
- 規則
  きそく
- ルール
- （規則 / ルール を）守る／破る
  きそく まも やぶ

第1回
第2回
第3回
第4回
第5回
第6回
第7回
第8回

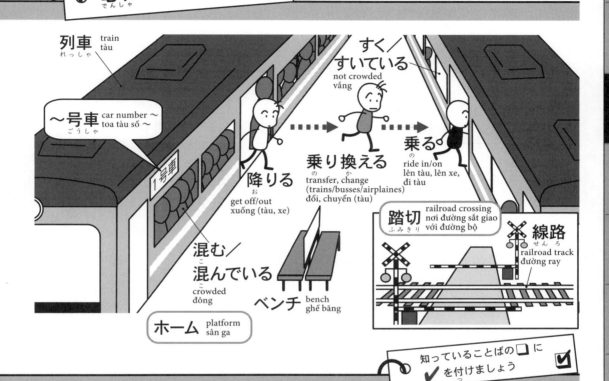

電車
でんしゃ
Train
Tàu điện

列車
れっしゃ
train
tàu

～号車
ごうしゃ
car number ～
toa tàu số ～

1号車

すく／
すいている
not crowded
vắng

乗り換える
の　か
transfer, change
(trains/busses/airplaines)
đổi, chuyển (tàu)

乗る
の
ride in/on
lên tàu, lên xe,
đi tàu

降りる
お
get off/out
xuống (tàu, xe)

混む／
こ
混んでいる
こ
crowded
đông

ベンチ
bench
ghế băng

踏切
ふみきり
railroad crossing
nơi đường sắt giao
với đường bộ

線路
せんろ
railroad track
đường ray

ホーム
platform
sân ga

知っていることばの □ に
✔ を付けましょう
つ

- □ 鉄道　　　　□ 地下鉄　　　　□ 空港　　　　　□ 船　　　　　□ 港
  てつどう　　　ちかてつ　　　　くうこう　　　　ふね　　　　　みなと
- □ 普通（電車）□ 急行　　　　　□ 特急　　　　　□ 新幹線
  ふつう　でんしゃ　きゅうこう　　　とっきゅう　　　しんかんせん
- □ 上り　　　　□ 下り　　　　　□ 行き　　　　　□ 帰り　　　　□ 始発
  のぼ　　　　　くだ　　　　　　い　　　　　　　かえ　　　　　しはつ
- □ ホーム　　　□ ～番線　　　　□ 駅員　　　　　□ 乗客　　　　□ 満員
  ばんせん　　　　えきいん　　　　じょうきゃく　　まんいん
- □ 乗車（する）□ 下車（する）　□ 発車（する）　□ 停車（する）□ 故障（する）
  じょうしゃ　　げしゃ　　　　　はっしゃ　　　　ていしゃ　　　こしょう
- □ （電車が 駅に／台風で）止まる　　　□ （電車／到着 が）遅れる／遅れている
  でんしゃ　えき　たいふう　と　　　　　　でんしゃ　とうちゃく　おく　　　おく
- □ 運賃　　　　□ 切符　　　　　□ 往復　　　　　□ 片道　　　　□ 切符売り場
  うんちん　　　きっぷ　　　　　おうふく　　　　かたみち　　　きっぷう　ば
- □ ～券〔乗車券／特急券／指定席券〕　　　　　□ 改札
  けん　じょうしゃけん　とっきゅうけん　していせきけん　かいさつ
- □ 席／座席　　　□ 指定席　　　□ 自由席　　　□ 自由（な）
  せき　ざせき　　していせき　　じゆうせき　　じゆう
- □ パスポート　□ ビザ　　□ 旅行（する）／旅　　□ 泊まる　　　□ 旅館
  りょこう　　　たび　　　と　　　　　　りょかん
- □ （荷物を）預ける　　　□ （タクシーを）呼ぶ　　　□ 乗り場　　　□ 移る
  にもつ　あず　　　　　　　　よ　　　　　　のば　　　　うつ

23

◆覚えましょう！の翻訳は別冊にあります
おぼ　　　　　　　ほんやく　べっさつ

日付 ひづけ	／	／	／
得点 とくてん	／16	／16	／16

文字・語彙

文法

読解

聴解

問題 ＿＿＿に最も合うものを □□□□ から一つえらんでください。
もっと

① 1. お年寄りが乗ってきたので、＿＿＿＿をかわった。
　　　としよ　の

　　2. この＿＿＿＿は広くて、通る車も多い。
　　　　　　　　　　　とお

　　3. 電車の＿＿＿＿に人が入ったため、電車が止まった。
　　　　　　　　　　はい

　　4. 駅の＿＿＿＿を出たところで友達と待ち合わせた。
　　　　　　　　　　　　　　　ともだち　ま　あ

a. 線路	b. 席	c. 改札	d. 道路
せんろ	せき	かいさつ	どうろ

② 1. 工事中のため、人も車も通行＊を＿＿＿＿。
　　　こうじちゅう　　　　　　つうこう

　　2. このバスは、＿＿＿＿ときに料金を払うことになっている。
　　　　　　　　　　　　　　　りょうきん　はら

　　3. 自転車が＿＿＿＿と、いつも父が直してくれる。
　　　じてんしゃ　　　　　　　　　　なお

　　4. この通りは、車の乗り降り＊はできるが、＿＿＿＿ことはできない。
　　　　　とお　　　　　のお

a. 禁止する	b. 駐車する	c. 乗車する	d. 故障する
きんし	ちゅうしゃ	じょうしゃ	こしょう

③ 1. ＿＿＿＿の出し過ぎは事故の原因の一つだ。
　　　　　　　す　　　じこ　げんいん

　　2. 1号車から3号車までは指定席ではないので、＿＿＿＿に座っていい。
　　　ごうしゃ　ごうしゃ　してい せき　　　　　　　　　　　　　すわ

　　3. ＿＿＿＿のために必ずシートベルト＊をすること。
　　　　　　　　　　かなら

　　4. ＿＿＿＿だから、運転中は電話に出てはいけない。
　　　　　　　　　うんてんちゅう

a. 自由	b. スピード	c. 危険	d. 安全
じゆう		きけん	あんぜん

④ 1. 運転中に交通規則を＿＿＿＿と警官から注意を受ける。
　　　うんてんちゅう　こうつうきそく　　　　けいかん　ちゅうい　う

　　2. 行き過ぎたようだ。さっきの交差点まで＿＿＿＿ことにしよう。
　　　い　す　　　　　　　　　　こうさてん

　　3. 荷物が多いので、タクシーを＿＿＿＿ことにした。
　　　にもつ

　　4. 電車が＿＿＿＿時間は早めに家を出るほうがいい。

a. 混む	b. 戻る	c. 呼ぶ	d. 破る
こ	もど	よ	やぶ

◆ **練習しましょう** の正解・少し難しい言葉（＊）の翻訳は別冊にあります
れんしゅう　　　　せいかい　むずか　　ことば　　　　ほんやく　べっさつ

やってみましょう

Let's try!
Hãy thử sức **A**

日付 ひづけ	／	／	／
得点 とくてん	／8	／8	／8

日本語能力試験形式問題　言語知識（漢字読み）

＿＿＿＿のことばの読み方として最もよいものを、1・2・3・4から一つえらびなさい。

1 上りの電車は少し遅れているようだ。

　　1　あがり　　　　2　うえり　　　　3　じょうり　　　4　のぼり

2 飛行機で行くと、往復で4万円ぐらいかかります。

　　1　おおふく　　　2　おおふうく　　3　おうふく　　　4　おふく

3 新しい橋ができて、とても便利になった。

　　1　はしい　　　　2　はっし　　　　3　はあし　　　　4　はし

4 毎朝会社へ行く途中、コンビニに寄って、コーヒーを買います。

　　1　とちゅう　　　2　とおちゅう　　3　となか　　　　4　とちゅ

5 どこでも空いている座席におすわりください。

　　1　すわりせき　　2　ざせき　　　　3　ばしょ　　　　4　すわるせき

6 台風で電車が止まっていたため、家で仕事をした。

　　1　しまって　　　2　とまって　　　3　つまって　　　4　たまって

7 6時に東京駅を発車する新幹線に乗ると、9時前に大阪に着く。

　　1　はつしゃあ　　2　はしゃ　　　　3　はっしゃ　　　4　はつしゃ

8 車道を走る自転車は、車に注意してください。

　　1　くるまみち　　2　しゃどう　　　3　しゃど　　　　4　しゃみち

◆ **やってみましょう** の正解は別冊にあります
せいかい　　べっさつ

日本語能力試験形式問題　言語知識（表記）

＿＿＿＿のことばを漢字で書くとき、最もよいものを、1・2・3・4から一つえらびなさい。

---

1 タクシー乗り場は、あちらにうつりました。

1　移りました　　2　変りました　　3　写りました　　4　転りました

---

2 次の駅でおりて、地下鉄に乗り換えます。

1　去りて　　2　出りて　　3　外りて　　4　降りて

---

3 花屋は、あの交差点のかどにあります。

1　角　　2　門　　3　側　　4　横

---

4 このホームにはくだりの電車が来ます。

1　右り　　2　左り　　3　下り　　4　上り

---

5 大きな船がみなとに入ってきた。

1　注　　2　港　　3　江　　4　泳

---

6 このカードがあれば、きっぷを買わなくてもいい。

1　紙府　　2　紙札　　3　切符　　4　切付

---

7 あのビルの前にバスていがあります。

1　駐　　2　所　　3　場　　4　停

---

8 ふつう電車に乗ると時間がかかるから、急行に乗ろう。

1　普通　　2　不通　　3　付痛　　4　負踊

第1回
第2回
第3回
第4回
第5回
第6回
第7回
第8回

やってみましょう

Let's try!
Hãy thử sức **C**

日付 ひづけ	／	／	／
得点 とくてん	／8	／8	／8

日本語能力試験形式問題　言語知識（語彙）

（　　　　）に入れるのに最もよいものを、1・2・3・4から一つえらびなさい。

1 駅の（　　　　）のベンチに座って電車を待った。

1　ホーム　　　　2　ルーム　　　　3　ボート　　　　4　ポート

2 毎朝駅まで歩いているが、（　　　　）はバスに乗ることが多い。

1　通り　　　　2　下り　　　　3　帰り　　　　4　返り

3 この道をまっすぐ行くと（　　　　）に病院があります。

1　つきあわせ　　2　あてさき　　3　とどけさき　　4　つきあたり

4 ここから（　　　　）までは歩いて2時間ぐらいです。

1　出発地　　　　2　目的地　　　　3　終点　　　　4　途中

5 電車が遅れていて、何時に（　　　　）かわからないそうだ。

1　配達する　　　2　発見する　　　3　到着する　　　4　発達する

6 地図を見て歩いていたのに、（　　　　）に迷ってしまった。

1　道　　　　　2　通り　　　　3　道路　　　　4　通路

7 この（　　　　）は通る電車が多いと、なかなか開かない。

1　えき　　　　2　せんろ　　　3　ふみきり　　　4　ほどう

8 乗　客「すみません。さくら町はまだですか。」
　　運転手「さくら町はもう（　　　　）よ。」

1　ぶつかりました　　　　　　　2　のりかえました

3　とおりかかりました　　　　　4　とおりすぎました

◆ **やってみましょう** の正解は別冊にあります
せいかい　　べっさつ

第**4**回
だい かい

町・建物・住宅
まち たてもの じゅうたく

Town / Buildings / Housing
Phố phường / Tòa nhà / Nhà ở

文字・語彙

文法

読解

聴解

知っていますか？
Do you know?　◇　Bạn có biết?

家の中
いえ なか

Inside the house
Trong nhà

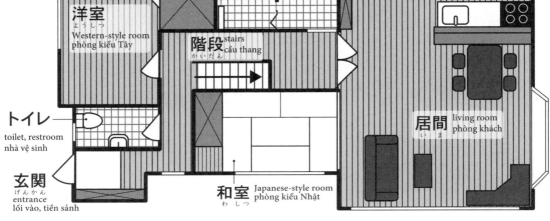

（お）風呂 bath
ふろ bồn tắm

台所 kitchen
だいどころ bếp

洋室
ようしつ
Western-style room
phòng kiểu Tây

階段 stairs
かいだん cầu thang

居間 living room
い ま phòng khách

トイレ
toilet, restroom
nhà vệ sinh

玄関
げんかん
entrance
lối vào, tiền sảnh

和室 Japanese-style room
わ しつ phòng kiểu Nhật

覚えましょう！
おぼ
Let's memorise!　◇　Hãy ghi nhớ!

- 建物　　　　□ アパート　　　　□ マンション　　　　□ 車庫
  たてもの　　　　　　　　　　　　　　　　　　　　　しゃこ

- 庭　　　　　□ 地面　　　　　　□ 植える　　　　　　□ 池
  にわ　　　　　じ めん　　　　　　う　　　　　　　　　いけ

- 部屋　　　　□ 畳　　　　　　　□ カーペット／じゅうたん
  へ や　　　　　たたみ

- たんす　　　□ 戸棚　　　　　　□ しまう
  　　　　　　　と だな

- テーブル　　□ いす　　　　　　□ ソファ　　　　　　□ 位置
  　　　　　　　　　　　　　　　　　　　　　　　　　　い ち

- エアコン　□ 暖房（する）　□ 冷房（する）　□ 扇風機　　□ スイッチ
  　　　　　　だんぼう　　　　れいぼう　　　　　せんぷう き

- 電灯　　　□ （電気が）つく／消える -（電気を）つける／消す
  てんとう　　　でん き　　　　き　　　　てん き　　　　　け

- （スイッチが）入る／切れる -（スイッチを）入れる／切る　　□ 電池
  　　　　　　はい　　き　　　　　　　　　　い　　　き　　　　　　てん ち

- 入れ替える　□ 建つ - 建てる　　□ 引っ越す　　　□ 行う
  い か　　　　た　　た　　　　　　ひ こ　　　　　　おこな

- 過ごす　　　□ 日当たり（が いい／悪い）　　　　□ 蒸し暑い
  す　　　　　　ひ あ　　　　　　　　わる　　　　　　　む あつ

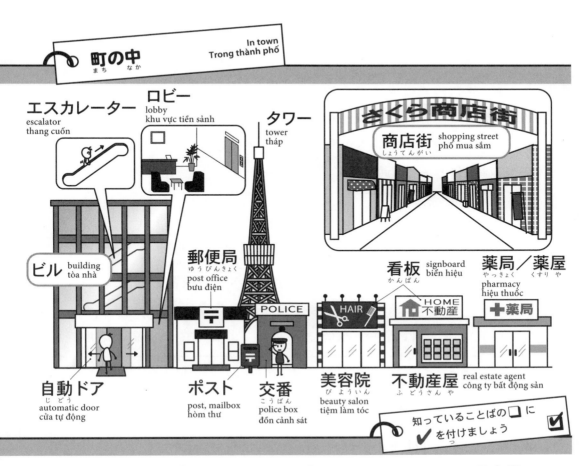

町の中　In town / Trong thành phố
まち なか

エスカレーター escalator / thang cuốn
ロビー lobby / khu vực tiền sảnh
タワー tower / tháp
商店街 shopping street / phố mua sắm
しょうてんがい
さくら商店街
ビル building / tòa nhà
郵便局 post office / bưu điện
ゆうびんきょく
看板 signboard / biển hiệu
かんばん
薬局／薬屋 pharmacy / hiệu thuốc
やっきょく くすり や
自動ドア automatic door / cửa tự động
じどう
ポスト post, mailbox / hòm thư
交番 police box / đồn cảnh sát
こうばん
美容院 beauty salon / tiệm làm tóc
びよういん
不動産屋 real estate agent / công ty bất động sản
ふどうさんや

知っていることばの□に✔を付けましょう

□ 住宅 じゅうたく
□ 住宅地 じゅうたくち
□ 通り とお
□ 駐車場 ちゅうしゃじょう
□ 環境 かんきょう
□ 郊外 こうがい
□ 空き地 あ ち
□ 工事（する）こうじ
□ 商店 しょうてん
□ カフェ
□ ショッピングセンター
□ コンビニ／コンビニエンスストア
□ 便利（な）べんり
□ 不便（な）ふべん
□ 広告（する）こうこく
□ ポスター
□ パンフレット
□ 人気（が ある）にんき
□ 医院 いいん
□ 図書館 としょかん
□ 警察 けいさつ
□ パトカー
□ 幼稚園 ようちえん
□ 保育園／保育所 ほいくえん ほいくしょ
□ プール
□ ジム
□ （コンサート）ホール
□ 入場（する）にゅうじょう
□ 出入口 でいりぐち
□ 開く-開ける あ/ひら あ
□ 閉まる-閉める し し

◆覚えましょう！の翻訳は別冊にあります
おぼ ほんやく べっさつ

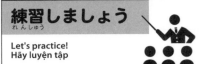

練習しましょう
れんしゅう

Let's practice!
Hãy luyện tập

日付 ひづけ	／	／	／
得点 とくてん	／16	／16	／16

問題 _____に最も合うものを◯◯◯◯から一つえらんでください。
　　　　　　　　　もっと

① 1. 軽い病気のときは、近くの_____へ行きます。

2. あそこの_____でコーヒーを飲みませんか。

3. _____のサイレン＊が聞こえる。何かあったようだ。
　　　　　　　　　　　　　　　　　　なに

4. 部屋を借りるために_____へ行った。
　　へや か

a. 不動産屋　　　b. パトカー　　　c. 医院　　　d. カフェ
ふどうさんや　　　　　　　　　　　　いいん

② 1. 毎週1回_____へ行って、運動をしている。
　　　　　　　　　　　　　　　うんどう

2. 夏休みの間、学校の_____へ行って水泳の練習をした。
　　　　　　　　　　　　　　　　　　　すいえい れんしゅう

3. この_____は、客席が舞台の後ろにもある。
　　　　　　　　　きゃくせき ぶたい

4. あの_____は高さが634メートルで、日本で一番高い建物です。
　　　　　　　　　　　　　　　　　　　　　　いちばん たてもの

a. ジム　　　b. タワー　　　c. プール　　　d. コンサートホール

③ 1. 私の会社はこの_____の20階にあります。
　　　　　　　　　　　　　　　かい

2. 今、_____は使えません。階段を上がってください。
　　　　　　　　　　　　　かいだん

3. 店の入り口に立ったら、_____が開いた。
　　　い ぐち　　　　　　　　　　あ/ひら

4. 今日はとても暑いので_____をつけた。
　　　　　　　あつ

a. エスカレーター　　　b. エアコン　　　c. ビル　　　d. 自動ドア
じ どう

④ 1. 毎年、夏は海の近くの家で_____いる。
　　まいとし

2. 庭に花を_____、楽しんでいます。
　　にわ　　　　　　　　た の

3. 駅前で夏祭りのイベントを_____いる。
　　えきまえ なつまつ

4. 部屋に入ったら、このカードで部屋の電気のスイッチを_____
　　へや はい　　　　　　　　　　　　　へや
　　ください。

a. すごして　　　b. いれて　　　c. おこなって　　　d. うえて

◆ **練習しましょう** の正解・少し難しい言葉（＊）の翻訳は別冊にあります
　れんしゅう　　　せいかい　むずか　ことば　　　ほんやく　べっさつ

日付 ひづけ	／	／	／
得点 とくてん	／8	／8	／8

第1回

第2回

第3回

第4回

第5回

第6回

第7回

第8回

日本語能力試験形式問題　言語知識（漢字読み）

_____のことばの読み方として最もよいものを、1・2・3・4から一つえらびなさい。

1 出入口に自転車を止めないでください。

1　しゅつにゅうこう　　　　　2　だいれくち

3　ではいぐち　　　　　　　　4　でいりぐち

2 空き地にごみを捨てる人がいる。

1　からきち　　　2　あきち　　　3　すきち　　　4　くうきち

3 予約をして美容院に行ったのに、20分も待たされた。

1　びょういん　　2　びょいん　　3　びよういん　　4　びょいん

4 夕食後は居間でテレビを見る。

1　いま　　　　2　きょま　　　3　きゃくま　　4　きょかん

5 電車の中で、新しくできるマンションの広告を見た。

1　ここく　　　2　こうこく　　3　こうこう　　4　ここう

6 玄関で声がする。だれか来たようだ。

1　おもて　　　2　うら　　　3　げんかん　　4　もん

7 やけどをしてしまったので、近所の薬局で薬を買った。

1　やっきょく　　2　やっきよく　　3　やくきょく　　4　やくきよく

8 この公園は大人にも子どもにも人気がある。

1　にっき　　　2　ひとき　　　3　じんき　　　4　にんき

31

◆ **やってみましょう** の正解は別冊にあります
せいかい　　べっさつ

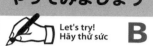
日付 ひづけ	／	／	／
得点 とくてん	／8	／8	／8

文字・語彙

文法

読解

聴解

日本語能力試験形式問題　言語知識（表記）

　　_____のことばを漢字で書くとき、最もよいものを、1・2・3・4から一つえらびなさい。

1 町から車で30分ほどの<u>こうがい</u>に住んでいます。

　　1　校外　　　　2　郊外　　　　3　行外　　　　4　効外

2 寒いと思ったら、暖房が<u>きえて</u>いた。

　　1　哨えて　　　2　省えて　　　3　肖えて　　　4　消えて

3 <u>しゃこ</u>の前に車が止まっていて、出られない。

　　1　車庫　　　　2　倉庫　　　　3　駐場　　　　4　停場

4 災害で家がなくなった人たちのために、<u>じゅうたく</u>が建てられた。

　　1　往家　　　　2　住家　　　　3　住宅　　　　4　往宅

5 庭の<u>ひあたり</u>がいい場所に花を植えた。

　　1　火当　　　　2　火当たり　　3　日当　　　　4　日当たり

6 子どもが生まれるので、広い家に<u>ひっこす</u>ことにしました。

　　1　引っ越す　　2　引っ超す　　3　移っ越す　　4　移っ超す

7 <u>わしつ</u>の畳の上で、お茶を飲んだ。

　　1　合室　　　　2　話室　　　　3　和室　　　　4　洋室

8 寺の庭に大きな<u>いけ</u>がある。

　　1　地　　　　　2　池　　　　　3　他　　　　　4　湖

日付 ひづけ	／	／	／
得点 とくてん	／8	／8	／8

日本語能力試験形式問題　言語知識（語彙）

（　　　　）に入れるのに最もよいものを、1・2・3・4から一つえらびなさい。

1 私たちの学校は、静かで（　　　　）が良いところにあります。

　1　世界　　　　　2　環境　　　　　3　社会　　　　　4　生活
　　　　　　　　　　　かんきょう　　　　しゃかい　　　　せいかつ

2 ホテルの（　　　　）で友達が来るのを待った。

　1　ロビー　　　　2　スーパー　　　3　エレベーター　4　スイッチ

3 この部屋は（　　　　）が効きすぎて寒い。

　1　れいとう　　　2　ちょうせつ　　3　だんぼう　　　4　れいぼう

4 この通りには、食器を売る（　　　　）が集まっている。

　1　売店　　　　　2　閉店　　　　　3　商店　　　　　4　開店
　　　ばいてん　　　　へいてん　　　　しょうてん　　　　かいてん

5 図書館へ行ったら、休みで（　　　　）いた。

　1　かわって　　　2　しまって　　　3　わかれて　　　4　とまって

6 新しい駅をつくる（　　　　）が始まった。

　1　工事　　　　　2　工場　　　　　3　事故　　　　　4　事件
　　　こうじ　　　　こうじょう　　　　じこ　　　　　　じけん

7 このあたりは静かだけど、駅から遠いので（　　　　）だ。

　1　ていねい　　　2　あんしん　　　3　すてき　　　　4　ふべん

8 ポストは、あの黄色い（　　　　）が出ている店の前にあります。

　1　名札　　　　　2　掲示板　　　　3　看板　　　　　4　案内板
　　　なふだ　　　　けいじばん　　　　かんばん　　　　あんないばん

第1回
第2回
第3回
第4回
第5回
第6回
第7回
第8回

スポーツ・趣味・自然
しゅみ　しぜん

Sports / Hobby / Nature
Thể thao / Sở thích / Thiên nhiên

知っていますか？
Do you know? ◇ **Bạn có biết?**

芸術
げいじゅつ

Art
Nghệ thuật

演劇　play, drama
えんげき　diễn kịch, kịch

ステージ　stage
sân khấu

コンサート　concert
hòa nhạc

（ピアノ / バイオリン を）弾く
ひ
play (the piano / the violin)
chơi (pianô / viôlông)

劇場　theater / hall
げきじょう　nhà hát kịch

（コンサート）ホール
(concert) hall
hội trường (hòa nhạc)

覚えましょう！
おぼ

Let's memorise! ◇ **Hãy ghi nhớ!**

☐ 趣味 しゅみ	☐ 文化 ぶんか	☐ 美術 びじゅつ	☐ 美術品 びじゅつひん	☐ 美術館 びじゅつかん
☐ 博物館 はくぶつかん	☐ 展覧会 てんらんかい	☐ 作品 さくひん	☐ 画家 がか	☐ 描く えが
☐ プロ	☐ アマ／アマチュア		☐ 技術 ぎじゅつ	☐ 映画 えいが
☐ ドラマ	☐ アニメ	☐ マンガ	☐ ゲーム	☐ アイドル
☐ ダンス	☐ 音楽 おんがく	☐ 音 おと	☐ 曲 きょく	☐ 作曲（する） さっきょく
☐ 楽器 がっき	☐ ピアノ	☐ バイオリン	☐ レッスン（する）	☐ イヤホン
☐ クラシック	☐ プログラム	☐ 拍手（する） はくしゅ	☐ 上手（な） じょうず	☐ 下手（な） へた
☐ 動物 どうぶつ	☐ 育てる そだ	☐ ペット（を 飼う） か		☐ 散歩（する） さんぽ
☐ 植物 しょくぶつ	☐ 種 たね	☐ 葉 は	☐ 枝 えだ	☐ 根 ね
☐ 木 き	☐ 林 はやし	☐ 森 もり	☐ 自然 しぜん	
☐ 光 ひかり	☐ 風 かぜ	☐ 湖 みずうみ		
☐ 宇宙 うちゅう	☐ 月 つき	☐ 星 ほし	☐ 太陽 たいよう	☐ 地球 ちきゅう

文字・語彙

文法

読解

聴解

スポーツ
Sports
Thể thao

競技場 arena
きょうぎじょう nhà thi đấu, sân vận động

ジョギング jogging
chạy bộ

サイクリング cycling
đạp xe

スキー skiing
trượt tuyết

サッカー
soccer, football
bóng đá

自転車 bicycle
じてんしゃ xe đạp

野球 baseball
やきゅう bóng chày

ゴルフ
golf
môn gôn, golf

スケート
skate
trượt băng nghệ thuật

バレー（ボール）volleyball
bóng chuyền

バスケ（ットボール）
basketball
bóng rổ

知っていることばの ☐ に
✔ を付けましょう

- ☐ スポーツ（を する）
- ☐ 体操（する）
- ☐ 準備（する）
- ☐ トレーニング（する）
- ☐ 運動（する）
- ☐ 不足（する）
- ☐ 〜不足〔運動不足〕
- ☐ 歩く
- ☐ 走る
- ☐ 泳ぐ
- ☐ 水泳（する）
- ☐ 試合（する）
- ☐ 大会
- ☐ 優勝（する）
- ☐ 賞金
- ☐ オリンピック
- ☐ 〜位〔1位／2位／3位〕
- ☐ 勝つ／勝ち
- ☐ 負ける／負け
- ☐ 引き分ける／引き分け
- ☐ 監督
- ☐ コーチ
- ☐ アドバイス（する）
- ☐ 練習（する）
- ☐ 選手
- ☐ チーム
- ☐ クラブ
- ☐ コート
- ☐ 登山（する）
- ☐ 登る
- ☐ （魚を）つる
- ☐ つり
- ☐ ドライブ（する）
- ☐ ピクニック
- ☐ キャンプ（する）
- ☐ 温泉
- ☐ 景色
- ☐ ガイドブック
- ☐ 計画（する）
- ☐ シーズン
- ☐ 休み
- ☐ 休日
- ☐ 連休

第1回 第2回 第3回 第4回 第5回 第6回 第7回 第8回

◆覚えましょう！の翻訳は別冊にあります

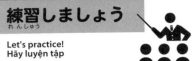

練習しましょう
れんしゅう

Let's practice!
Hãy luyện tập

日付 ひづけ	／	／	／
得点 とくてん	／16	／16	／16

文字・語彙

文 法

読 解

聴 解

問題 _____に最も合うものを[　　　　]から一つえらんでください。
もっと

① 1. 健康のために、毎朝庭で_____をしている。
けんこう　　　　　　にわ

2. プールで_____をするのは、とても気持ちがいい。
き も

3. 夏休みに、友達と_____で旅行した。
なつやす　ともだち　　　　　りょこう

4. 私は、_____でダンスを習っている。
わたし　　　　　　　　　なら

a. 水泳 すいえい	b. 体操 たいそう	c. 趣味 しゅみ	d. 自転車 じてんしゃ

② 1. 電車の中でクラシックの_____を聞いている。

2. 値段が高いバイオリンは、いい_____が出るそうだ。
ね だん

3. 日本の絵が好きなので、日本の_____が勉強できる大学に入りたい。
にほん　え　す　　　　にほん　　　　　　　　　　　　　　　はい

4. 旅行に行って、その場所の_____の写真を撮るのが好きだ。
りょこう　い　　　　ばしょ　　　　　　　　　と

a. 景色 けしき	b. 音 おと	c. 音楽 おんがく	d. 美術 びじゅつ

③ 1. 毎日ジョギングをしている。今朝は３キロ_____。
けさ

2. 川で魚を_____。

3. 時間があるので、駅までゆっくり_____。

4. 正月はハワイの海で_____。

a.つった	b.およいだ	c.あるいた	d.はしった

④ 1. 日曜日に_____のコンサートに行った。

2. 友達と連休に_____をする計画を立てた。
ともだち　れんきゅう　　　　　　けいかく　た

3. 私は、若者の恋の_____が大好きです。
わたし　わかもの　こい

4. ピアニスト＊になりたいので、毎週ピアノの_____を受けている。
う

a.レッスン	b.キャンプ	c.アイドル	d.ドラマ

36

◆ **練習しましょう** の正解・少し難しい言葉（＊）の翻訳は別冊にあります
れんしゅう　　　　せいかい　むずか　ことば　　　ほんやく　べっさつ

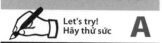

日付 ひづけ	／	／	／
得点 とくてん	／8	／8	／8

日本語能力試験形式問題　言語知識（漢字読み）

＿＿＿＿のことばの読み方として最もよいものを、1・2・3・4から一つえらびなさい。
　　　　　　　　　　　　　　　　もっと

1 先週の日曜日、家族で登山をした。
　　　　　　　　　　か ぞく

　　1　とうざん　　　2　とうさん　　　3　とざん　　　4　とおさん

2 私は庭でいろいろな植物を育てている。
　　　　にわ　　　　　　　　　　　　そだ

　　1　しょくもつ　　2　しょくぶつ　　3　どうぶつ　　4　にもつ

3 この島にはまだ美しい自然が残っている。
　　　　しま　　　うつく　　　　　　のこ

　　1　しぜん　　　　2　じぜん　　　　3　じどう　　　4　じねん

4 音楽大学に入って、作曲の勉強をしたい。
　　おんがく　　　はい

　　1　さっきょく　　2　さくきょく　　3　さきょうく　　4　さきょく

5 オリンピックのために新しい競技場が作られた。

　　1　きょうぎじょう　　　　　　2　きょうきじょう
　　3　きょぎば　　　　　　　　　4　きょうぎば

6 私は、歌を歌うのが下手だ。

　　1　かしゅ　　　　2　したて　　　　3　じょうず　　4　へた

7 日本は、温泉で有名だ。

　　1　おおせん　　　2　おんせ　　　　3　おんせん　　4　おんせい

8 大学で写真の技術を学びました。
　　　　　　　　　　　　　まな

　　1　ぎいじゅつ　　2　ぎじゅつ　　　3　しいじゅつ　　4　しじゅつ

◆ **やってみましょう** の正解は別冊にあります
　　　　　　　　　せいかい　　べっさつ

日付 ひづけ	／	／	／
得点 とくてん	／8	／8	／8

日本語能力試験形式問題　言語知識（表記）

＿＿＿＿＿のことばを漢字で書くとき、最もよいものを、1・2・3・4から一つえらびなさい。

---

1 窓から気持ちのいい<u>かぜ</u>が入ってくる。

1 雲	2 光	3 風	4 星

2 ゲームに<u>まけて</u>、くやしかった。

1 打けて	2 失けて	3 負けて	4 敗けて

3 自転車で<u>みずうみ</u>の周りをサイクリングした。

1 岸	2 湖	3 島	4 陸

4 日本の<u>ぶんか</u>が好きで、日本語の勉強を始めた。

1 分化	2 分科	3 文化	4 文科

5 <u>れんきゅう</u>に、友達と旅行した。

1 練休	2 運休	3 週休	4 連休

6 運動<u>ぶそく</u>は健康のためによくない。

1 無少	2 無息	3 不足	4 不弱

7 日本で人気があるスポーツはサッカーと<u>やきゅう</u>だ。

1 野球	2 夜球	3 野玉	4 夜急

8 毎朝犬といっしょに<u>さんぽ</u>をするのが楽しみだ。

1 産歩	2 散歩	3 参走	4 散走

日付 ひづけ	／	／	／
得点 とくてん	／8	／8	／8

日本語能力試験形式問題　言語知識（語彙）

（　　　）に入れるのに最もよいものを、1・2・3・4から一つえらびなさい。

1 彼は、（　　　）のゴルフ大会で優勝した大学生だ。

1　ドライブ　　　2　スポーツ　　　3　チーム　　　4　アマチュア

2 （　　　）を飼うなら、ちゃんと世話をしなければならない。

1　コーチ　　　2　ペット　　　3　コート　　　4　クラブ

3 来月写真の展覧会をするので、今はその（　　　）で忙しい。

1　えんき　　　2　ちゅうし　　　3　かいし　　　4　じゅんび

4 スポーツの試合では、コーチや（　　　）が選手にアドバイスをする。

1　観光　　　2　歌手　　　3　監督　　　4　画家

5 彼はバスケットボールがとても（　　　）なので、子どもたちに教えている。

1　下手　　　2　上手　　　3　やさしい　　　4　むずかしい

6 たくさん練習して、強いチームに（　　　）です。

1　まけたい　　　2　まちたい　　　3　かいたい　　　4　かちたい

7 秋になると木の（　　　）の色が赤や黄色に変わる。

1　葉　　　2　枝　　　3　根　　　4　草

8 朝起きて（　　　）の光をあびると気持ちがいい。

1　ほし　　　2　つき　　　3　たいよう　　　4　ちきゅう

◆ **やってみましょう** の正解は別冊にあります

学校・仕事
がっこう しごと

 知っていますか？
Do you know? ◇ **Bạn có biết?**

 学校
がっこう

School
Trường học

講義 lecture
こうぎ bài giảng

研究 (する) research
けんきゅう nghiên cứu

教授 professor
きょうじゅ giáo sư

教える teach
おし dạy

教科書 textbook
きょうかしょ sách giáo khoa

点数 score, results
てんすう điểm

試験 (を受ける)
しけん う
(take) a test
(dự) thi

教わる be taught
おそ được chỉ, dạy

 覚えましょう！
おぼ
Let's memorise! ◇ **Hãy ghi nhớ!**

- ☐ 授業 (する) じゅぎょう
- ☐ 試験 (する) しけん
- ☐ （試験 / レッスン / 授業 / 注意 を） 受ける しけん じゅぎょう ちゅうい う
- ☐ 学ぶ まな
- ☐ 習う なら
- ☐ 学習 (する) がくしゅう
- ☐ 予習 (する) よしゅう
- ☐ 復習 (する) ふくしゅう
- ☐ 出席 (する) しゅっせき
- ☐ 欠席 (する) けっせき
- ☐ 通学 (する) つうがく
- ☐ 留学 (する) りゅうがく
- ☐ 見学 (する) けんがく
- ☐ 遅刻 (する) ちこく
- ☐ 指導 (する) しどう
- ☐ 注意 (する) ちゅうい
- ☐ 直す なお
- ☐ ゼミ
- ☐ 論文 ろんぶん
- ☐ レポート
- ☐ テーマ
- ☐ データ
- ☐ 調べる しら
- ☐ 提出 (する) ていしゅつ
- ☐ ページ
- ☐ 説明 (する) せつめい
- ☐ 話し合う はな あ
- ☐ 相談 (する) そうだん
- ☐ 意見 いけん
- ☐ 成績 せいせき
- ☐ レベル
- ☐ 面接 (する) めんせつ
- ☐ 学期 がっき
- ☐ 学部 がくぶ
- ☐ 教育 (する) きょういく
- ☐ 経済 けいざい
- ☐ 社会 しゃかい
- ☐ 文化 ぶんか
- ☐ 文学 ぶんがく
- ☐ 語学 ごがく
- ☐ 心理学 しんりがく
- ☐ 科学 かがく
- ☐ 物理 ぶつり
- ☐ 生物 せいぶつ
- ☐ 学者 がくしゃ

会社
かいしゃ
Company
Công ty

打ち合わせ（する）
う あ
meeting
họp bàn, trao đổi

資料
し りょう
material, data,
information
tài liệu

プレゼン（テーション）（する）
presentation
trình bày

指示（する）
し じ
instruction
chỉ dẫn, chỉ thị

かせぐ
earn, make money
kiếm tiền

連絡します

連絡（する）
れん らく
contact
liên lạc

メールします

成功（する）
せい こう
success
thành công

ミス（する）
mistake
lỗi, sai sót

失敗（する）
しっ ぱい
failure
thất bại

メール（する）
e-mail
email

知っていることばの□に
✔を付けましょう
つ

第1回 第2回 第3回 第4回 第5回 第6回 第7回 第8回

- □ ビジネス
- □ オフィス
- □ 職場
  しょく ば
- □ 社員
  しゃ いん
- □ 新入社員
  しん にゅう しゃ いん
- □ 上司
  じょう し
- □ 先輩
  せん ぱい
- □ 後輩
  こう はい
- □ アルバイト
- □ パート
- □ 課
  か
- □ 営業（する）
  えい ぎょう
- □ 会議（する）
  かい ぎ
- □ 会議室
  かい ぎ しつ
- □ ミーティング（する）
- □ レクチャー（する）
- □ セミナー
- □ 調査（する）
  ちょう さ
- □ 試す
  ため
- □ 確かめる
  たし
- □ チェック（する）
- □ 書類
  しょ るい
- □ 表
  ひょう
- □ まとめる
- □ 一度に
  いち ど
- □ 報告（する）
  ほう こく
- □ 重要（な）
  じゅう よう
- □ ていねい（な）
- □ 楽（な）
  らく
- □ 給料
  きゅう りょう
- □ ボーナス
- □ 時給
  じ きゅう
- □ 勤める
  つと
- □ 就職（する）
  しゅう しょく
- □ 入社（する）
  にゅう しゃ
- □ 担当（する）
  たん とう
- □ 出張（する）
  しゅっ ちょう
- □ 実行（する）
  じっ こう
- □ 変更（する）
  へん こう
- □ 延期（する）
  えん き
- □ 中止（する）
  ちゅう し
- □ 断る
  ことわ
- □ ～内〔社内／校内／国内〕
  ない しゃ ない こう ない こく ない
- □ 国際
  こく さい
- □ 海外
  かい がい

◆覚えましょう！の翻訳は別冊にあります
おぼ　　　　　　　　　ほんやく　べっさつ

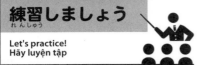

日付 ひづけ	／	／	／
得点 とくてん	／16	／16	／16

文字・語彙

文法

読解

聴解

問題 ＿＿＿＿＿に最も合うものを ＿＿＿＿＿ から一つえらんでください。
もっと

① 1. 大学の経済＿＿＿＿＿に入りたいです。
けいざい　　　　　　　　はい

2. 新しい＿＿＿＿＿が始まるのが楽しみです。
はじ　　　たの

3. 外国語の＿＿＿＿＿は 続けることが大切だ。
つづ

4. 海外の大学に＿＿＿＿＿を希望する学生が増えています。
かいがい　　　　　　　　　　きぼう　　　　ふ

a. 学習	b. 学期	c. 学部	d. 留学
がくしゅう	がっき	がくぶ	りゅうがく

② 1. ＿＿＿＿＿で大事なのは、人と人の関係だ。
だいじ　　　　　　　　　かんけい

2. 今年は＿＿＿＿＿の給料が 10％上がった。
きゅうりょう　　　パーセント

3. 私より1年早く会社に入った＿＿＿＿＿と食事をした。
はい　　　　　　　　しょくじ

4. ＿＿＿＿＿に仕事の進め方を指示した。
かた　　しじ

a. 先輩	b. 後輩	c. 社員	d. 職場
せんぱい	こうはい	しゃいん	しょくば

③ 1. 大学を卒業したら、外国人に日本語を＿＿＿＿＿仕事がしたい。
そつぎょう

2. 明日、先輩に社内メールの書き方を＿＿＿＿＿予定です。
せんぱい　しゃない　　　　　かた　　　　　よてい

3. 中国で行われる国際会議に＿＿＿＿＿ことになりました。
ちゅうごく　おこな　　　こくさいかいぎ

4. 来月アメリカに＿＿＿＿＿ので、今英語を勉強しています。

a. 出席する	b. 出張する	c. 教わる	d. 教える
しゅっせき	しゅっちょう	おそ	おし

④ 1. 学生なので、毎日勉強と＿＿＿＿＿で忙しいです。
いそが

2. ＿＿＿＿＿では、ていねいに話さなければならない。

3. 今日の会議で会社の人たちに＿＿＿＿＿をした。
かいぎ

4. 自分の日本語の＿＿＿＿＿をもっと上げたいと思います。

a. ビジネス	b. レベル	c. プレゼンテーション	d. アルバイト

◆ **練習しましょう** の正解は別冊にあります
れんしゅう　　　　せいかい　べっさつ

やってみましょう

Let's try!
Hãy thử sức　**A**

日付 ひづけ	／	／	／
得点 とくてん	／8	／8	／8

日本語能力試験形式問題　言語知識（漢字読み）

＿＿＿＿＿のことばの読み方として最もよいものを、1・2・3・4から一つえらびなさい。

もっと

1 家が遠いので、通学に2時間かかります。

1　つがく　　　　2　つうがく　　　　3　とおがく　　　　4　とがく

2 午前の授業は9時に始まる。

1　じゅぎょ　　　2　じゅうぎょ　　　3　じゅうぎょう　　4　じゅぎょう

3 私は今、スペイン語を習っています。

1　しゅうって　　2　ならって　　　　3　とって　　　　　4　つかって

4 教科書を忘れて、先生に注意されました。
　　　　　　　わす　　　　　　　ちゅうい

1　きょかしょう　2　きょかしょ　　　3　きょうかしょ　　4　きょうかしょう

5 大学を卒業したら、外国の会社に就職したい。
　　　　　そつぎょう

1　しゅうしょく　　　　　　　　　　2　しゅしょく

3　しゅうしょうく　　　　　　　　　4　しゅうしょくう

6 遅刻しないように、朝早く起きます。
　　　　　　　　　　　　　　お

1　じこく　　　　2　じごく　　　　　3　ちごく　　　　　4　ちこく

7 授業で勉強したことを、しっかり復習することが大切だ。
　じゅぎょう

1　よしゅう　　　2　ふしゅう　　　　3　ふくしゅう　　　4　ようしゅう

8 兄は銀行に勤めている。

1　つとめて　　　2　つめて　　　　　3　とめて　　　　　4　かためて

◆ **やってみましょう** の正解は別冊にあります
　　　　　　　　せいかい　　べっさつ

やってみましょう

Let's try!
Hãy thử sức **B**

日付 ひづけ	／	／	／
得点 とくてん	／8	／8	／8

文字・語彙

文法

読解

聴解

日本語能力試験形式問題　言語知識（表記）

＿＿＿＿のことばを漢字で書くとき、最もよいものを、1・2・3・4から一つえらびなさい。

1 いい<u>せいせき</u>をとるためにがんばっている。

1　生席　　　　2　生積　　　　3　成績　　　　4　成積

2 困（こま）ったら、いつでも<u>そうだん</u>してください。

1　相談　　　　2　目談　　　　3　相話　　　　4　目話

3 <u>じきゅう</u>が高い仕事を探（さが）しています。

1　事級　　　　2　時給　　　　3　自給　　　　4　時級

4 <u>めんせつ</u>で将来（しょうらい）の夢（ゆめ）は何（なに）かと聞かれた。

1　面接　　　　2　面試　　　　3　面説　　　　4　面設

5 私のたんとうは営業（えいぎょう）です。

1　短答　　　　2　短当　　　　3　担当　　　　4　担答

6 なぜですか。理由（りゆう）を<u>せつめい</u>しないとわかりませんよ。

1　接名　　　　2　設名　　　　3　設明　　　　4　説明

7 家に帰ってからも、仕事で必要（ひつよう）な<u>しょるい</u>を作っている。

1　書数　　　　2　書類　　　　3　事数　　　　4　事類

8 休むときは、必（かなら）ず<u>れんらく</u>すること。

1　練絡　　　　2　練習　　　　3　連招　　　　4　連絡

日本語能力試験形式問題　言語知識（語彙）

（　　　）に入れるのに最もよいものを、1・2・3・4から一つえらびなさい。

1　大学の（　　　　）で論文を読む。

1　ゼミ　　　　　2　データ　　　　　3　チェック　　　4　ボーナス

2　明日出す作文に間違いがあったので、急いで（　　　　）。

1　直した　　　　2　習った　　　　　3　学んだ　　　　4　かせいだ

3　金曜日までに宿題を（　　　　）しなければならない。

1　つうがく　　　2　ちゅうい　　　　3　ていしゅつ　　4　がくしゅう

4　（　　　　）を書くために、専門の本を読んだ。

1　テーマ　　　　2　セミナー　　　　3　レクチャー　　4　レポート

5　会議の後で大事なことを（　　　　）。

1　せいこうした　2　まとめた　　　　3　ちゅうしした　4　しっぱいした

6　大学の（　　　　）を受けるための準備で毎日忙しい。

1　教授　　　　　2　技術　　　　　　3　試験　　　　　4　会議

7　明日のミーティングの時間を、10時からに（　　　　）。

1　しどうした　　2　はなしあった　　3　しらべた　　　4　へんこうした

8　世界には（　　　　）を受けられない子どもがいる。

1　かがく　　　　2　きょういく　　　3　ぶんか　　　　4　しゃかい

第1回　第2回　第3回　第4回　第5回　第6回　第7回　第8回

人間・人間関係
にんげん　にんげんかんけい

Person / Human relations
Con người / Các mối quan hệ

 知っていますか？
Do you know?　◇　Bạn có biết?

 どんな人？
ひと
What kind of person?
Người thế nào?

目上
め うえ
superior
người lớn hơn

恋人
こいびと
lover
người yêu

仲（が いい）
なか
(good) relationship
thân, thân thiết

家族
か ぞく
family
gia đình

両親
りょうしん
parents
bố mẹ

父
ちち
father
bố

母
はは
mother
mẹ

息子
むすこ
son
con trai

娘
むすめ
daughter
con gái

 覚えましょう！
おぼ
Let's memorise!　◇　Hãy ghi nhớ!

☐ 性格
せいかく
☐ 性質
せいしつ
☐ 友人
ゆうじん
☐ 知り合い
し あ

☐ 人々
ひとびと
☐ 外国人
がいこくじん
☐ 年上
としうえ
☐ 年下
としした

☐ 美人
びじん
☐ ハンサム（な）
☐ かわいい
☐ かっこいい

☐ 真面目（な）
まじめ
☐ 正直（な）
しょうじき
☐ おとなしい
☐ 熱心（な）
ねっしん

☐ 人気（が ある）
にんき
☐ ユーモア
☐ 笑顔
えがお
☐ 成長（する）
せいちょう

☐ 幸せ（な）
しあわ
☐ かわいがる
☐ 成長（する）
せいちょう
☐ 大人
おとな

☐ 意地悪（な/する）
いじわる
☐ わがまま（な）
☐ 失礼（な）
しつれい
☐ 勝手（な）
かって

☐ グループ
☐ サークル
☐ リーダー
☐ 仲間
なかま

☐ 交流（する）
こうりゅう
☐ 相手
あいて
☐ （お）たがい
☐ 独身
どくしん

☐ 夫婦
ふうふ
☐ 夫
おっと
☐ 妻
つま
☐ 家内
かない
☐ 親戚
しんせき

☐ 兄弟
きょうだい
☐ 姉妹
しまい
☐ 祖父
そふ
☐ 祖母
そぼ
☐ 孫
まご

文字・語彙　文法　読解　聴解

第1回
第2回
第3回
第4回
第5回
第6回
第7回
第8回

どんな気持ち？ How do you feel? Cảm thấy thế nào?

あいさつ（する） greeting
chào hỏi

はじめまして

恥ずかしい
embarrassing
xấu hổ, ngượng

ごめんなさい

謝る apologize
tạ lỗi, xin lỗi

不合格

残念（な）／ disappointed
がっかりする thất vọng

厳しい severe, strict
nghiêm khắc

苦しい tough, hard, difficult
cực khổ

うらやましい
be jealous
ghen tị

ありがとう

感謝（する） thanks
cảm tạ, biết ơn

知っていることばの□に
✔を付けましょう

□ 気持ち	□ 気分	□ 感情（を 表す）	□ 態度
□ コミュニケーション	□ トラブル	□ 悩み	□ ストレス
□ 生きる	□ 命	□ 心配（な／する）	□ 安心（な／する）
□ 怒る	□ けんか（する）	□ いじめる	□ だます
□ 悪口	□ かわいそう（な）	□ 気の毒（な）	□ 許す
□ 泣く	□ 涙	□ 悲しい	□ くやしい
□ 喜ぶ	□ 楽しみ	□ 夢中（な）	□ 満足（な／する）
□ 不満（な）	□ 困る	□ 助ける	□ 手伝う
□ 解決（する）	□ (お)世話になる	□ ありがたい	□ (お)礼
□ 当たり前／当然	□ 気軽（な）	□ 約束（する）	□ 信じる
□ 付き合う	□ 愛する	□ 結婚（する）	□ 離婚（する）

◆覚えましょう！の翻訳は別冊にあります

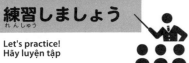

練習しましょう
れんしゅう

Let's practice!
Hãy luyện tập

日付 ひづけ	／	／	／
得点 とくてん	／16	／16	／16

文字・語彙

文法

読解

聴解

問題　＿＿＿＿＿に最も合うものを □ から一つえらんでください。
　　　　　　　　　もっと

① １. あの方は父の＿＿＿＿＿です。
　　　　　かた

　　２. この会は、子どもは入れません。＿＿＿＿＿だけの会です。
　　　　　　　　　　　　　　　　はい

　　３. 彼はずっと＿＿＿＿＿だったが、最近結婚した。
　　　　かれ　　　　　　　　　　　　　　けっこん

　　４. 日本で働く＿＿＿＿＿が増えています。
　　　　　　　　　　　　　ふ

a. 大人 おとな	b. 独身 どくしん	c. 外国人 がいこくじん	d. 知り合い し あ

② １. 目上の人には、ていねいに＿＿＿＿＿しましょう。
　　　　めうえ

　　２. 久しぶりに会った友達がとても元気だったので＿＿＿＿＿した。
　　　　ひさ　　　　　　ともだち

　　３. メールを送ったのに返事がない。何かあったかと＿＿＿＿＿している。
　　　　　　　　　　へんじ　　　　なに

　　４. 借りたお金は＿＿＿＿＿の日までに返さなければならない。
　　　　か　　　　　　　　　　　　かえ

a. あいさつ	b. 約束 やくそく	c. 安心 あんしん	d. 心配 しんぱい

③ １. 旅行に行けないんですか。それは＿＿＿＿＿ですね。
　　　　りょこう

　　２. 友達に＿＿＿＿＿をして、泣かせてしまった。
　　　　ともだち　　　　　　　な

　　３. 妹は＿＿＿＿＿で、自分の思うようにいかないとすぐ怒る。
　　　　　　　　　　　　　　　　　　　　　　　おこ

　　４. 弟はとても＿＿＿＿＿で、よく勉強する。

a. 残念 ざんねん	b. わがまま	c. まじめ	d. いじわる

④ １. ＿＿＿＿＿がわからない人と話してもおもしろくない。

　　２. お金の＿＿＿＿＿で二人は離婚した。
　　　　　　　　　　　　　　りこん

　　３. ＿＿＿＿＿から病気になることがあります。

　　４. 姉の恋人は＿＿＿＿＿でかっこいい人です。
　　　　　こいびと

a. ストレス	b. ハンサム	c. トラブル	d. ユーモア

48

◆ 練習しましょう の正解は別冊にあります
　れんしゅう　　　せいかい　べっさつ

日本語能力試験形式問題　言語知識（漢字読み）

_____のことばの読み方として最もよいものを、1・2・3・4から一つえらびなさい。

1　私の夫の趣味は旅行です。

1　おっと　　　　2　おと　　　　　3　ふ　　　　　4　ふう

2　友人から旅行に誘われた。

1　ゆうじん　　　2　ともひと　　　3　ゆうにん　　4　ともじん

3　家内はスーパーで働いています。

1　いえうち　　　2　かうち　　　　3　いえない　　4　かない

4　木村さんの両親は外国に住んでいます。

1　りょしん　　　2　りょうしん　　3　りょうおや　4　りょおや

5　彼女は感情を表さない人だ。

1　かんじょ　　　2　かんしょう　　3　かんじょう　4　かんしょ

6　このクラスには熱心に勉強する学生が多い。

1　ねつしん　　　2　ねしん　　　　3　ねっつしん　4　ねっしん

7　妻は私より2歳年上です。

1　としうえ　　　2　ねんじょう　　3　としじょう　4　ねんうえ

8　「ごめんなさい」と言ったら、許してくれるだろうか。

1　あやまって　　2　かして　　　　3　ゆるして　　4　しらせて

第1回
第2回
第3回
第4回
第5回
第6回
第7回
第8回

◆ やってみましょう の正解は別冊にあります
せいかい　　べっさつ

やってみましょう

Let's try!
Hãy thử sức　**B**

日付 ひづけ	／	／	／
得点 とくてん	／8	／8	／8

文字・語彙

文法

読解

聴解

日本語能力試験形式問題　言語知識（表記）

＿＿＿＿のことばを漢字で書くとき、最もよいものを、1・2・3・4から一つえらびなさい。

---

1 きょうだいがけんかをして、父親に怒られた。

1　姉妹　　　　2　兄妹　　　　3　姉弟　　　　4　兄弟

---

2 赤ちゃんがないています。どうしたんでしょう。

1　位いて　　　2　拉いて　　　3　粒いて　　　4　泣いて

---

3 父は孫が生まれて、とてもよろこんだ。

1　嬉んだ　　　2　楽んだ　　　3　喜んだ　　　4　福んだ

---

4 田中さんは川に落ちた子どもをたすけた。

1　動けた　　　2　助けた　　　3　功けた　　　4　加けた

---

5 彼とつきあってもう10年になります。

1　付き合って　2　知き会って　3　出き会って　4　好き合って

---

6 山田さんにはいろいろ教えてもらった。心からかんしゃしている。

1　歓喜　　　　2　感激　　　　3　感動　　　　4　感謝

---

7 中村さんの子どもたちはみんなせいかくがいい。

1　性格　　　　2　性質　　　　3　生室　　　　4　生質

---

8 大好きな祖母が亡くなって、とてもかなしい。

1　悲しい　　　2　寂しい　　　3　辛しい　　　4　悔しい

日付 ひづけ	／	／	／
得点 とくてん	／8	／8	／8

日本語能力試験形式問題　言語知識（語彙）

（　　　　）に入れるのに最もよいものを、1・2・3・4から一つえらびなさい。
もっと

1 店員の態度が悪くて、（　　　　）が悪くなった。
てんいん　たいど

1　気　　　　　　2　気分　　　　　　3　気の毒　　　　4　心
き　　　　　　　　きぶん　　　　　　　き　どく

2 人の（　　　　）は、言わないほうがいいよ。

1　不安　　　　　2　悩み　　　　　　3　悪口　　　　　4　問題
ふあん　　　　　　なや　　　　　　　　わるぐち　　　　　もんだい

3 （　　　　）しないで仲よく遊びなさい。
なか　あそ

1　しっかり　　　2　けんか　　　　　3　まんぞく　　　4　がっかり

4 年下の子を（　　　　）のは、よくない。
としした

1　いじめる　　　2　世話する　　　　3　助ける　　　　4　手伝う
　　　　　　　　　　せわ　　　　　　　　たす　　　　　　てつだ

5 悪いのは君だよ。すぐに（　　　　）。
きみ

1　謝りなさい　　2　とめなさい　　　3　忘れなさい　　4　怒りなさい
あやま　　　　　　　　　　　　　　　　わす　　　　　　おこ

6 先生の講義を聞いた後、5人ずつの（　　　　）に分かれて話し合った。
こうぎ　　　　　あと　　　　　　　　　　　　　　　　　　はな　あ

1　クラブ　　　　2　サークル　　　　3　クラス　　　　4　グループ

7 お世話になった方に（　　　　）を言いたくて手紙を書いた。
せわ　　　　　　かた

1　涙　　　　　　2　仲　　　　　　　3　お礼　　　　　4　楽しみ
なみだ　　　　　　なか　　　　　　　　れい　　　　　　たの

8 悪い人に（　　　　）ように注意しましょう。
ちゅうい

1　笑われない　　2　泣かれない　　　3　許されない　　4　だまされない
わら　　　　　　　な　　　　　　　　　ゆる

社会
しゃかい

文字・語彙

文法

読解

聴解

知っていますか？
Do you know? ◇ Bạn có biết?

暮らし
く

Living
Sinh sống

都会／都市
と かい　と し
city　　city
thành phố, đô thị　đô thị

田舎
い な か
countryside
vùng quê, nông thôn

貧乏（な）
びんぼう
貧しい
まず
poor
nghèo,
túng thiếu

（お）金持ち
かね も
rich person, wealthy
người giàu

豊か（な）
ゆた
rich
giàu có

農業
のうぎょう
agriculture
nông nghiệp

農家
のうか
farmer
nông dân

工業
こうぎょう
industry
công nghiệp

工場
こうじょう
factory
nhà máy

商売（する）
しょうばい
business, trade
kinh doanh, buôn bán

商店
しょうてん
store
cửa hàng,
cửa hiệu

覚えましょう！
おぼ
Let's memorise! ◇ Hãy ghi nhớ!

- ☐ 国民
こくみん
- ☐ 市民
しみん
- ☐ 住民
じゅうみん

- ☐ 首都
しゅと
- ☐ 地方〔〜地方〕
ちほう　　ちほう
- ☐ 地域
ちいき
- ☐ 大使館
たいしかん

- ☐ 役所
やくしょ
- ☐ （役所／警察 に）届ける
やくしょ　けいさつ　　とど
- ☐ 手続き（する）
てつづ

- ☐ 申し込む
もう こ
- ☐ 順番
じゅんばん
- ☐ 期間
きかん
- ☐ 別々
べつべつ
- ☐ 確か（な）
たし

- ☐ 証明書
しょうめいしょ
- ☐ 免許
めんきょ
- ☐ 費用
ひよう
- ☐ 保険
ほけん
- ☐ 郵便局
ゆうびんきょく

- ☐ 住所
じゅうしょ
- ☐ 氏名
しめい
- ☐ 生年月日
せいねんがっぴ
- ☐ 国籍
こくせき

- ☐ 性別
せいべつ
- ☐ 男性
だんせい
- ☐ 女性
じょせい

- ☐ 年齢
ねんれい
- ☐ 高齢
こうれい
- ☐ （お）年寄り
としよ
- ☐ 若者
わかもの

- ☐ 職業
しょくぎょう
- ☐ 企業
きぎょう
- ☐ 開発（する）
かいはつ
- ☐ 競争（する）
きょうそう
- ☐ 失業（する）
しつぎょう

- ☐ ＩＴ
アイティー

ニュース

消防車
しょうぼうしゃ
fire engine
xe cứu hỏa

火事
かじ
fire
hỏa hoạn, cháy nhà

地震
じしん
earthquake
động đất

避難（する）
ひなん
evacuation
lánh nạn

泥棒
どろぼう
thief
kẻ trộm

パトカー
police car
xe cảnh sát

犯人
はんにん
culprit
thủ phạm

警官
けいかん
police officer
cảnh sát

知っていることばの □ に
✔ を付けましょう

- □ 災害
  さいがい
- □ 事故
  じこ
- □ 事件
  じけん
- □ 起こる
  お
- □ 逃げる
  に

- □ 停電（する）
  ていでん
- □ 情報
  じょうほう
- □ 新聞
  しんぶん
- □ 放送（する）
  ほうそう

- □ パソコン
- □ インターネット／ネット
- □ スマホ／スマートフォン

- □ 政治
  せいじ
- □ 政府
  せいふ
- □ 首相
  しゅしょう
- □ 時代
  じだい

- □ 経済
  けいざい
- □ 景気
  けいき
- □ 税金
  ぜいきん
- □ 宗教
  しゅうきょう

- □ 選挙（する）
  せんきょ
- □ 選ぶ
  えら
- □ 環境
  かんきょう
- □ 争い
  あらそ

- □ 法律
  ほうりつ
- □ 義務
  ぎむ
- □ 消防署
  しょうぼうしょ
- □ 警察（署）
  けいさつ しょ

- □ ボランティア
- □ 参加（する）
  さんか
- □ 活動（する）
  かつどう
- □ 行う
  おこな

- □ 変化（する）
  へんか
- □ ～化〔高齢化／少子化／温暖化〕
  か こうれいか しょうしか おんだんか
- □ ～化（が 進む）
  か すす

- □ 気温
  きおん
- □ プラス
- □ マイナス

- □ 面〔マイナス面／いい面／便利な面〕
  めん めん めん べんり めん
- □ 広がる
  ひろ
- □ 吸収（する）
  きゅうしゅう

◆覚えましょう！の翻訳は別冊にあります
おぼ ほんやく べっさつ

第1回 第2回 第3回 第4回 第5回 第6回 第7回 第8回

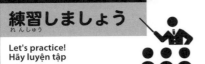

日付ひづけ	／	／	／
得点とくてん	／16	／16	／16

問題 _____に最も合うものを □ から一つえらんでください。
もっと

①
1. ここは_____だから、交通があまり便利ではない。
こうつう　　　べんり

2. _____では貯金をしたり、保険に入ったりすることもできる。
ちょきん　　　ほけん　はい

3. ビザを取るために_____へ行かなければならない。
と

4. _____の生活は便利だけど、忙しい。
せいかつ　べんり　　いそが

a. 郵便局	b. 田舎	c. 都会	d. 大使館
ゆうびんきょく	いなか	とかい	たいしかん

②
1. 大雨で川の水があふれた*ので、高いところに_____。
おおあめ

2. 景気が悪くなって_____人たちが仕事を探している。
けいき　　　　　　　　　　　　　　　さが

3. 海岸のごみを拾うボランティア活動に_____。
かいがん　　ひろ　　　　　　　かつどう

4. 自動車会社が新車を開発するために_____結果、技術が大きく進んだ。
じどうしゃ　しんしゃ　かいはつ　　　　　　けっか　ぎじゅつ

a. 競争した	b. 失業した	c. 避難した	d. 参加した
きょうそう	しつぎょう	ひなん	さんか

③
1. 日本の_____で働く外国人が増えている。
ふ

2. その事件の_____は若い女性だった。
じけん　　　　　わか　じょせい

3. 世界にはいろいろな_____があり、争いが起こることもある。
あらそ　　お

4. 昨日の_____で家が3軒焼けた。
きのう　　　　　　　けんや

a. 宗教	b. 犯人	c. 火事	d. 企業
しゅうきょう	はんにん	かじ	きぎょう

④
1. 父の_____は教師です。
きょうし

2. このゲームは大人から子どもまで、どんな_____の人もいっしょに
おとな

　遊べる。
あそ

3. 私は日本の_____を取りたいと思っています。
と

4. 引っ越しをしたので_____が変わりました。
ひこ　　　　　　　　　　　　か

a. 国籍	b. 住所	c. 年齢	d. 職業
こくせき	じゅうしょ	ねんれい	しょくぎょう

◆ **練習しましょう** の正解・少し難しい言葉(*)の翻訳は別冊にあります
れんしゅう　　　せいかい　むずか　ことば　　　ほんやく　べっさつ

日付 ひづけ	／	／	／
得点 とくてん	／8	／8	／8

日本語能力試験形式問題　言語知識（漢字読み）

　　＿＿＿のことばの読み方として最もよいものを、1・2・3・4から一つえらびなさい。

1 ここに名前と<u>生年月日</u>を書いてください。

　1　しょうねんがっぴ　　　　　　2　せいねんがつひ

　3　しょうねんつきひ　　　　　　4　せいねんがっぴ

2 住所が変わったので、役所に<u>届けた</u>。

　1　とどけた　　　2　かたづけた　　　3　あずけた　　　4　つけた

3 東京<u>地方</u>の今日の天気は晴れです。

　1　じほう　　　2　ちほう　　　3　ちかた　　　4　じかた

4 こちらに住所と<u>氏名</u>を書いてください。

　1　しめ　　　2　しな　　　3　しめい　　　4　しいな

5 貧乏はいやだ。<u>金持ち</u>になりたい。

　1　きんもち　　　2　かねもち　　　3　きんまち　　　4　かねまち

6 私はラジオの<u>放送</u>をよく聴きます。

　1　ほうそ　　　2　ほそ　　　3　ほそう　　　4　ほうそう

7 この町には<u>工場</u>がたくさんある。

　1　こうじょう　　　2　こじょう　　　3　こじょ　　　4　こうじょ

8 電車とトラックがぶつかる<u>事故</u>があった。

　1　じっこう　　　2　じこう　　　3　じいこ　　　4　じこ

◆ **やってみましょう** の正解は別冊にあります
せいかい　べっさつ

やってみましょう

Let's try!
Hãy thử sức **B**

日付 ひづけ	／	／	／
得点 とくてん	／8	／8	／8

日本語能力試験形式問題　言語知識（表記）

_____のことばを漢字で書くとき、最もよいものを、1・2・3・4から一つえらびなさい。

1 じだいが変われば社会も変わる。

1 次代　　　2 時代　　　3 自代　　　4 事代

2 中国のしゅとはどこですか。

1 主都　　　2 手都　　　3 種都　　　4 首都

3 新しい駅ができて、しみんの生活が便利になった。

1 市人　　　2 市民　　　3 私人　　　4 私民

4 このサークルには若いだんせいが多い。

1 男生　　　2 団生　　　3 団性　　　4 男性

5 祖父は今のせいじに不満を持っています。

1 政治　　　2 正事　　　3 政事　　　4 正治

6 それは確かなじょうほうですか。

1 情放　　　2 情報　　　3 上報　　　4 上方

7 台風でていでんして、水も出ない。

1 低電　　　2 抵電　　　3 停電　　　4 留電

8 おばさんは小さい店でしょうばいをしています。

1 商買　　　2 少買　　　3 商売　　　4 少売

第1回

第2回

第3回

第4回

第5回

第6回

第7回

第8回

日本語能力試験形式問題　言語知識（語彙）

（　　　）に入れるのに最もよいものを、1・2・3・4から一つえらびなさい。

1 親には子どもを育てる（　　　）がある。

1　約束
2　義務
3　問題
4　興味

2 町の（　　　）が集まって、地震が起きたときどうするか話し合った。

1　建物
2　住民
3　都会
4　環境

3 入学の手続きに必要な（　　　）をもらいに役所へ行った。

1　証明書
2　郵便
3　事務
4　仕事

4 （　　　）があったときのために、水や食べ物を用意しておこう。

1　事件
2　交番
3　事故
4　災害

5 今年は、4年に一度の市長（　　　）が行われる。

1　経済
2　選挙
3　法律
4　政府

6 交通のルールはちゃんと（　　　）ください。

1　守って
2　通して
3　受けて
4　行って

7 彼はグループの新しいリーダーに（　　　）。

1　取られた
2　選ばれた
3　かけられた
4　言われた

8 この町では、（　　　）が増えて、高齢化が進んでいる。

1　年寄り
2　若者
3　人口
4　国民

◆ やってみましょう の正解は別冊にあります
せいかい　　べっさつ

これも 覚えましょう！

メニュー Menu
Thực đơn

和食 Japanese dishes
わ しょく món ăn Nhật

天ぷら
てん
tempura
tempura

さしみ
sashimi, sliced raw fish
sashimi, hải sản sống

天丼
てん どん
tempura rice bowl
cơm phủ tempura

うどん
udon noodles
mì udon

そば
soba noodlles
mì soba

洋食 Western dishes
よう しょく món ăn Âu

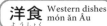

スパゲッティ
spaghetti
mì Ý, spaghetti

エビフライ
fried prawns
tôm chiên tẩm bột

カレー
curry
món cà ri

ステーキ
steak
bò bít tết

中華料理 Chinese dishes
ちゅう か りょう り món ăn Trung Hoa

ラーメン
ramen noodles
mì ramen

ギョーザ
Chinese dumpling
sủi cảo, gyoza

文法
ぶんぽう

Grammar
Ngữ pháp

第1回 助詞・敬語
じょし けいご

Particle / Honorific
Trợ từ / Kính ngữ

知っていますか？

助詞
じょし

Do you know? ◇ Bạn có biết?

～が	（音・声・におい・感じ） おと こえ かん **がする**	● となりの部屋でピアノの音**がする**。 へや おと ● この花は甘いにおい**がする**。 あま ● ここは外国の町のような感じ**がします**。 かん ● ここのパンは変わった味**がします**。 か
～の	● 「あなたのかさはどれですか。」「その黒い**の**です。」	
	（が→）**の**	● 母**の**（＝が）作る料理はおいしい。
～に	● 今日友達に会い**に**行きます。 ともだち	● これから食事**に**行きましょう。 しょくじ
～を	● 橋**を**渡って右に曲がります。 はし わた	● 階段**を**3階まで上がった。 かいだん がい
	● 今朝は7時に家**を**出た。 けさ	
～も	● 上田さんは英語が話せますが、スペイン語**も**話せます。 うえだ	
	● 今日は暑いねえ。気温が40度**も**ある。 きおん ど	
～で	● 日本の昔の家は木と紙**で**作られていた。 むかし	● 台風**で**電車が止まった。
～か	何か／いつか／どこか／だれか なに ～か～か	● 今度の休みに**どこか**へ行きたいね。 ● コーヒー**か**紅茶**か**、**どちらか**選んでください。 こうちゃ えら
～か ～かどうか	● 彼女がどこへ行った**か**、わかりますか。 かのじょ ● あの人がもう国へ帰った**かどうか**、知りません。	
何も／どこも／だれも ～ない なに	● 「部屋にだれかいますか。」「**だれもいません**。」 へや	
～ばかり	● 息子はゲーム**ばかり**している。 むすこ ● 肉**ばかり**食べないで、野菜も食べなさい。	
～まで ～までに	● 昨日は夜12時**まで**仕事をした。 きのう	● 朝8時**までに**来てください。
～でも ～にも	● 疲れたからコーヒー**でも**飲みましょうか。 つか ● こんなやさしい問題なら子ども**でも／にも**答えられる。	
～でも	何でも／だれでも／ なん いつでも／どこでも	● 「飲み物は何がいいですか。」「**何でも**いいです。」 なに なん ● 「今度の日曜日どこへ行こうか。」「**どこでも**いいよ。」
～さ	● あのビルの高さは209メートルです。	● 荷物の重さを量ってください。 にもつ はか
～しか（～ない）／～だけ	● 家族は一人**しか**いません。妹**だけ**です。 かぞく	
～より	● 東京は大阪**より**人口が多い。 とうきょう おおさか じんこう	

練習しましょう
れんしゅう

Let's practice!
Hãy luyện tập

A

日付 ひづけ	／	／	／
得点 とくてん	／15	／15	／15

第1回
第2回
第3回
第4回
第5回
第6回
第7回
第8回
第9回
第10回

問題1 _____ に最も合う助詞を ▢ からえらんでください。
もっと　　じょし

が	の	に	を	も	で	か	でも	にも	より
から	まで	までに	かどうか	ばかり	さ	しか	だけ		

❶ 「何_____必要なものがありますか。」「いいえ、何_____いりません。」
　　なに　　　ひつよう　　　　　　　　　　　　　　なに

❷ この幼稚園では5歳になる_____ひらがなが全部読めるように教えている。
　　ようちえん　　さい　　　　　　　　　　　　ぜんぶ　　　　　　　　　　おし

❸ この花は甘いにおい_____します。
　　　　あま

❹ あの選手の力の強_____は すごいです。
　　せんしゅ　ちから　つよ

❺ 行く_____行かない_____、早く決めてください。

❻ 「あんなに美しい声_____歌える人はいないね。」
　　　　　うつく
　「うん、彼女_____いない。」
　　　　かのじょ

❼ 私が戻ってくる_____ここで待っていてください。
　　　もど

❽ 漢字_____かたかなのほうがやさしいです。
　　かんじ

❾ 明日来られないなら、あさって_____いいですよ。
　　　こ

❿ ちょっと買い物_____行ってきます。

問題2 （　　）に合うほうをえらんでください。

❶ 「17歳まで車の運転ができません。」「じゃ、（　　　　　　　）」
　　　さい　　　　うんてん
　　a. 18歳になれば、できますね。　　　b. 16歳にならないとできませんね。
　　　　さい　　　　　　　　　　　　　　　　　さい

❷ 「ゆうべはビールを3本も飲んだよ。」「（　　　　　　　）」
　　a. え？ そんなにたくさん飲んだの？　　b. そうか。あまり飲まなかったんだね。

❸ 「学生のときはスポーツばかりやってたんだ。」「（　　　　　　）」
　　a. 勉強、がんばったね。　　　　　　b. 勉強はしなかったの？

❹ 「あ、もう10分しかない。」「（　　　　　）」
　　a. じゃあ、10分待ちましょう。　　　b. それじゃ、急ぎましょう。
　　　　　　　　　　　　　　　　　　　　　　　　　　いそ

❺ 「となりの部屋で人の声がするね。」「（　　　　　　　）」
　　　　　　へや
　　a. うん、だれかいるみたいだ。　　　b. うん、だれもいない。

61

◆ **練習しましょう** の正解は別冊にあります
　　れんしゅう　　　　せいかい　べっさつ

敬語・ていねいな言い方(けいご)(かた)

お / ご～になる	● 社長はもう**お出かけになりました**。 ● 社長は来週**ご帰国になります**。
お / ご～する	● (私が) お荷物(にもつ)、**お持ちしましょう**。　● やり方を**ご説明します**。
お / ご～ください	● 気をつけて**お帰りください**。● 元気ですから**ご安心ください**。
お / ご～いたします	● (私が) 順番(じゅんばん)に**お呼びいたします**ので、お待ちください。 ● **ご案内いたします**(あんない)。こちらへどうぞ。
いらっしゃる (いる／行く／来る)	● ご両親(りょうしん)はどちらに**いらっしゃいます**か。(いる) ● 社長は来週アメリカへ**いらっしゃいます**。(行く) ● 何時(なんじ)にこちらへ**いらっしゃいます**か。(来る)
～て くださる／いただく (～て くれる／もらう)	● 先生が (私に) **教えてくださった**(おし)。 ● (私が) 先生に**教えていただいた**(おし)。
伺う(うかが)　(私が 聞く/尋ねる)(たず) (私が 行く/訪ねる)(たず)	● ちょっと**伺います**(うかが)が、ご住所(じゅうしょ)はどちらですか。 ● 今日お宅(たく)に**伺い**(うかが)たいんですが、よろしいですか。
おっしゃる　(言う)	● 今、何と**おっしゃいました**か。 ● お名前は何と**おっしゃいます**(なん)か。
～と申します(もう) (私の名前は ～です)	● 私は田中(たなか)**と申します**(もう)。
なさる　(する)	● 社長は毎週ゴルフを**なさいます**。
ご覧になる(らん)　(見る)	● 今朝(けさ)のニュースを**ご覧になりました**(らん)か。
ご存じだ(ぞん)　(知っている)	● あの方(かた)を**ご存じ**(ぞん)ですか。
召し上がる(め)　(食べる／飲む)	● お父様(とうさま)はお酒(さけ)を**召し上がります**(め)か。
ございます　(ある)	●「この靴(くつ)、黒いのはありますか。」「はい、**ございます**。」
～で ございます　(～です)	● こちらが私の妻(つま)**でございます**。
参る(まい)　(私が 行く / 来る)	● 明日そちらへ**参ります**(まい)。
おります　(私が いる)	● 夜はいつも家に**おります**。
お目にかかる(め)　(私が 会う)	● 昨日(きのう)高校の先生に**お目にかかりました**(め)。
いただく　(私が もらう)	● お手紙を**いただきました**。ありがとうございました。
いたします　(私が する)	● 私がお手伝い(てつだ)**いたします**。
拝見する(はいけん)　(私が 見る)	● メールを**拝見**(はいけん)しました。
いかが　(どう)	● ご都合(つごう)は**いかが**ですか。
お～／ご～	●**お名前**　●**お手紙**　●**お料理**　●**お上手です**(じょうず)　●**ご家族**(かぞく)　●**ご住所**(じゅうしょ)　●**ご案内**(あんない)
～れる ～られる 〈尊敬語〉(そんけいご)	行く⇒**行かれる**　話す⇒**話される**　読む⇒**読まれる** やめる⇒**やめられる**　見る⇒**見られる** 来る⇒**来られる**　する⇒**される**　● 部長(ぶちょう)は中国語を**話される**。 ● いつこちらへ**来られます**(こ)か。 ● 夜も仕事を**される**のですか。

日付 ひづけ	／	／	／
得点 とくてん	／21	／21	／21

問題1 例のように下線の部分をていねいな言い方に変えてください。
れい　　かせん　ぶぶん　　　　　　　　　　かた　か

例：(私が) <u>行きます</u>⇒（　　まいります　　）
れい

❶ 木村さんを<u>知っていますか</u>。⇒（　　　　　　　　　　）
　きむら

❷ すぐ<u>送ります</u>から<u>待ってください</u>。⇒（　　　　　　　）から（　　　　　　　）

❸ この本を<u>借りたいです</u>。⇒（　　　　　　　　　）です。
　　　　か

❹ (ホテルの人が客に) お部屋まで<u>案内します</u>。　⇒（　　　　　　　）
　　　　　　きゃく　　　へや　あんない

❺ (私が) 明日<u>あなたの家に行きます</u>。⇒（　　　　　　　　　）

❻ 先生に英語を<u>教えてもらいたいです</u>。⇒（　　　　　　　　　　）です。
　　　　　おし

❼ <u>来てくれて</u>うれしいです。⇒（　　　　　　　　）

❽ 毎日、新聞を<u>読んでいますか</u>。⇒（　　　　　　　）か。

❾ はじめまして。私は大山と<u>言います</u>。⇒（　　　　　　）
　　　　　　　　　おおやま

問題2 正しい言い方に○、正しくない言い方に×を（　　）に入れてください。
　　　　　かた　　　　　　　　かた

❶ 私の兄は毎晩お酒を召し上がります。（　　　　）
　　　あに　まいばん　さけ　め

❷ 部長は今どちらにおりますか。（　　　　）
　ぶちょう

❸ 上田先生は去年大学をやめれました。（　　　　）
　うえだ　　　きょねん

❹ 危ないですから、ご注意ください。（　　　　）
　あぶ　　　　　　ちゅうい

❺ お母様はお料理がご上手ですね。（　　　　）
　かあさま　　　　じょうず

❻ 私の姉はアメリカにおります。（　　　　）

❼ 私がお宅までお送りしましょう。（　　　　）
　　　たく

❽ あなたのお趣味は何ですか。（　　　　）
　　　　しゅみ　なん

❾ どうぞこの写真をご覧ください。（　　　　）
　　　　　　　らん

❿ わからないことは何でも私に伺ってください。（　　　　）
　　　　　　なん　　うかが

⓫ お父様はどんなお仕事をなさりいらっしゃいますか。（　　　　）
　とうさま

⓬ お返事をいただきまして、ありがとうございました。（　　　　）
　へんじ

◆ **練習しましょう** の正解は別冊にあります
れんしゅう　　　せいかい　べっさつ

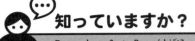
第2回 て形・た形・ない形・辞書形

知っていますか？
Do you know? ◇ Bạn có biết?

て形・た形

〈て形〉の文型   動詞 て形の例 「行って・読んで」「食べて」「して」「来て」

〜ている 〜てある	● ドアが閉まっ**ている**。寒いのでだれかが閉めたらしい。 ● 猫が外へ出ないように、ドアが閉め**てある**。
〜ていく 〜てくる	● 6月に入って暑くなっ**てきた**。これからもっと暑くなっ**ていく**だろう。 ● ちょっと飲み物を買っ**てきます**。すぐ戻ります。
〜ているところだ	● ちょっと待って。今準備をし**ているところだ**から。
〜てみる	● 靴を買う前に、合うかどうかはい**てみた**。
〜てしまう	● その本はもう読ん**でしまった**。　● 寝坊をして遅刻し**てしまった**。
〜ておく	● 寝坊をしないように目覚ましをセットし**ておきます**。
〜て　あげる 　　　もらう 　　　くれる	● トムさんはリンさんの仕事を手伝っ**てあげた**。 ● トムさんに英語の作文を直し**てもらった**。 ● トムさんは私の英語の作文を直し**てくれた**。
〜ても	● 雨が降っ**ても**行きます。　● うちの犬は名前を呼ん**でも**来ない。

形容詞て形の例	い形容詞	「大きい⇒大きく**て**」「安い⇒安く**て**」「いい⇒よく**て**」「ない⇒なく**て**」 ● 今日は天気がよく**て**気持ちがいい。
	な形容詞	「きれい⇒きれい**で**」「元気⇒元気**で**」「上手⇒上手**で**」「好き⇒好き**で**」 ● あの人はまじめ**で**やさしい。

〈た形〉の文型   動詞 た形の例 「行った・読んだ」「見た」「した」「来た」

〜たことが┬ある 　　　　　└ない	● アフリカへ行っ**たことが**あります**か**。 ● 私は富士山に登っ**たことがない**。
〜たり〜たり	● 父は仕事で東京と大阪を行っ**たり**来**たり**している。
〜たまま	● ゆうべはめがねをかけ**たまま**寝てしまった。
〜たら	● 雨が降っ**たら**、出かけない。　● 薬を飲ん**だら**、頭痛が治った。
〜たところだ	● 私は日本語を勉強している。今、初級が終わっ**たところだ**。

練習しましょう

Let's practice!
Hãy luyện tập

A

日付 ひづけ	／	／	／
得点 とくてん	／10	／10	／10

問題 （　　）に合うほうをえらんでください。

❶ 朝、風が強かったから窓を閉めた。だから窓は今も（　　　）。
　　a. 閉まっている　　　　　　　　　b. 閉めている

＊ 朝からずっと風が強いので、窓は（　　　）。
　　a. 閉めている　　　　　　　　　　b. 閉めてある

❷ 今日は雨が降ったりやんだりするらしいから、出かけるときは（　　　）。
　　a. かさを持っていこう　　　　　　b. かさは要らないだろう

❸ この仕事がすんだら、（　　　）。
　　a. 出かけましょう　　　　　　　　b. 出かけました

❹ 今、資料を集めているところです。（　　　）。
　　a. やっと集められました　　　　　b. 集まったら持ってきます

❺ 私は外国へ行ったことがない。（　　　）。
　　a. 一度どこかへ行ってみたい　　　b. 一度アメリカへ行ってみた

❻ ご飯を残して捨てるのはいけないから、（　　　）。
　　a. 少ししか食べません　　　　　　b. ぜんぶ食べてしまってください

❼ インドの友達に教えてもらったように作ったら、（　　　）。
　　a. おいしいカレー料理ができた　　b. 作り方を間違えてしまった

❽ 雨が降っていたが、昼ごろから（　　　）。
　　a. だんだん晴れてきた　　　　　　b. もう晴れたところだ

❾ このジュースは何のジュースだろう？（　　　）。
　　a. 飲んでおけばわかる　　　　　　b. 飲んでみないとわからない

◆ **練習しましょう** の正解は別冊にあります

65

知っていますか？ ⑩ ない形・辞書形

Do you know? ◇ Bạn có biết?

〈ない形〉の文型

動詞 ない形の例 「行か**ない**」「見**ない**」「し**ない**」「来**ない**」

～なければならない ～なくてはいけない	● 試験が近いので勉強し**なければならない**。 ● お金は今日中に払わ**なくてはいけない**。
～なくてもいい	● ここに名前を書いてください。住所は書か**なくてもいい**です。
～ないで ～ずに ※する⇒しないで／せずに	● 今朝は朝ご飯を食べ**ないで**出かけた。 ● カギをか**けずに**外出して、どろぼうに入られた。 ● 弟は勉強**せずに**、遊んでばかりいます。
～ないでください	● 自転車は歩道を走ら**ないでください**。

〈辞書形〉の文型

動詞 辞書形の例 「行**く**」「見**る**」「**する**」「来**る**」

～（ない）こと が ある ～（ない）こと も ある	● 強いチームでも負ける**ことがある**。 ● 仕事が忙しいときは、日曜日でも休め**ないことがある**。
～のは ～のが ～のを ～のに	● 温泉に入る**のは**気持ちがいい。 ● 私は映画を見る**のが**好きだ。 ● お年寄りが荷物を運ぶ**のを**手伝ってあげた。 ● このナイフは果物を切る**のに**使っています。
～（ない）つもり	● 大学には行か**ないつもり**です。就職する**つもり**です。
～（ない）ことにする	● 行くか行かないか迷ったが、行く**ことにした**。
～ことになっている	● この店では食べる前にお金を払う**ことになっている**。
～ところだ	● 今出かける**ところだ**。すぐ行くよ。
～ようにする ～（ない）ように	● 野菜をたくさん食べる**ようにしましょう**。 ● けがをし**ないように**気をつけて。
～（ない）ように（と）言う	● 医者が私に毎日運動をする**ようにと言った**。
～ようになる	● ギターで難しい曲が弾ける**ようになりたい**。
～ために〔目的〕	● 新しいバイクを買う**ために**、アルバイトをしています。

日付 ひづけ	／	／	／
得点 とくてん	／11	／11	／11

問題 （　　）に合うほうをえらんでください。

❶「今ちょうど映画が始まるところだよ。」「（　　　　）」
えいが

　　a. え、もう始まるの？　　　　　　　　b. え、もう始まっちゃったの？

❷ ここで道路を渡らないでください。（　　　　）。
　　どうろ　わた

　　a. 注意して渡りましょう　　　　　　　b. 横断歩道を渡りましょう
　　ちゅうい　わた　　　　　　　　　　　　おうだんほどう　わた

❸ 明日は朝早く出かけなければならない。（　　　　）。

　　a. 今夜は早く寝るつもりだ　　　　　　b. そんなに急いで出かけなくてもいい
　　　　　　　　　ね　　　　　　　　　　　　　　　　いそ

❹ 中国語が話せるようになりたいから、（　　　　）。

　　a. 中国へ行って中国語を勉強します　　b. 日本の大学で中国語を教えます
　　　　　　　　　　　　　　　　　　　　　　　　　　　　　　おし

❺「どうしようかとずいぶん考えました。」「それで、（　　　　）。」

　　a. どうすることにしましたか　　　　　b. どうするところですか

❻ あまり勉強せずに試験を受けたから、（　　　　）。
　　　　　　　　しけん　う

　　a. 合格できなかった　　　　　　　　　b. 合格できた
　　ごうかく　　　　　　　　　　　　　　　ごうかく

❼「電話番号は書かなくてもいいですか。」「はい、（　　　　）。」
　　　　ばんごう

　　a. 番号も書いてください　　　　　　　b. 書かなくてもいいです
　　ばんごう

❽「事故を起こさないように、運転に注意してください。」「はい、（　　　　）。」
　　じこ　お　　　　　　　　　うんてん　ちゅうい

　　a. 運転します　　　　　　　　　　　　b. 注意します
　　うんてん　　　　　　　　　　　　　　　ちゅうい

❾「いつも早く起きるんですか。」「いいえ、（　　　　）。」
　　　　　お

　　a. 休みの日は昼ごろまで寝ていることもあります
　　　　　　　　　　　　ね
　　b. 休みの日はいつも早く起きることになっています
　　　　　　　　　　　　　お

❿「中村さんは今出かけたところなんです。」「じゃあ、（　　　　）。」
　　なかむら

　　a. ケータイのほうにかけます　　　　　b. まだそちらにいますね

⓫「就職が決まったら結婚するつもりです。」「（　　　　）。」
　　しゅうしょく　き　　けっこん

　　a. 決まったの？　それはおめでとう！　b. 早く決まるといいね

◆ **練習しましょう** の正解は別冊にあります
　れんしゅう　　せいかい　べっさつ

ます形・意向形・仮定形・普通形
けい　い こうけい　か ていけい　ふ つうけい

Masu-form / Volitional form / Hypothetical form / Plain form
Thể ます / Thể ý chí / Thể giả định / Thể thông thường

知っていますか？

Do you know? ◇ **Bạn có biết?**

① **ます形・意向形・仮定形**
けい　い こうけい　か ていけい

〈ます形〉の文型
けい　　ぶんけい

ます形の例 けい　れい	「**行き**(ます)」「**見**(ます)」「**し**(ます)」「**来**(ます)」 い　　　　　み　　　　　　　　　　　　　　き

～**方** かた	● この漢字の読み**方**を教えてください。 かんじ　　　かた　おし ● 新しいゲームのやり**方**がわかりません。 かた
～**始める**　～**終わる** はじ　　　　　お ～**続ける**　～**直す** つづ　　　　　なお	● 雨が降り**始めました**。　● まだ雨が降り**続けて**いる。 ふ　　　つづ ● この本は一度読み**終わった**が、わからないところがあったので いち ど　　　お また読み**直した**。 なお
～**出す** だ	● 車が急に走り**出した**ので、びっくりした。 きゅう
～**やすい** ～**にくい**	● このペンは書き**やすい**。　● 字が小さくて読み**にくい**です。 ● このコップは割れ**やすい**ので、注意が必要だ。 わ　　　　　　　　　　ちゅうい　ひつよう
～**すぎる**	● 酒を飲み**すぎる**のは体に悪い。 さけ
～**たがる**	● 子どもは甘いお菓子を食べ**たがる**。 あま　　か し
～**そうだ**〔様子〕 ようす ～**そうにない** ～**そうもない**	● 雨が降り**そうだ**から、かさを持っていこう。 ふ ● 空に雲がないから、雨は降り**そうもない**。 くも　　　　　　　　　　ふ
～**なさい**	●「12時ですよ。もう寝**なさい**。」 ね

〈意向形〉の文型
い こうけい　　ぶんけい

意向形の例 い こうけい　れい	「**行こう**」「**見よう**」「**しよう**」「**来よう**」 い　　　　　み　　　　　　　　　　こ

～**(よ)う**	● あそこのカフェでコーヒーを飲**もう**。　● 疲れたからタクシーで帰**ろう**。 つか　　　　　　　　　　　　かえ ● もう時間だから出かけ**よう**。　● 今日は出かけないで家に**いよう**と思う。 ● 明日は試験だから今夜は勉強し**よう**。　● また日本に来**よう**と思っています。 し けん　　　　　　べんきょう　　　　　　　　　　　　こ

〈仮定形〉の文型
か ていけい　　ぶんけい

仮 か 定 てい 形 けい の 例 れい	動詞 どうし	「**行けば**」「**見れば**」「**すれば**」「**来れば**」「**行かなければ**」 い　　　　　み　　　　　　　　　　く
	い形容詞 けいようし	「**安ければ**」「**安くなければ**」
	な形容詞 けいようし	「**元気なら**」「**元気でなければ/元気じゃなければ**」
	名詞 めいし	「**学生なら**」「**学生でなければ/学生じゃなければ**」

～**ば**	● 急げ**ば**間に合います。　● わから**なければ**私に聞いてください。 いそ　　ま　あ ● コートを着れ**ば**寒くない。　● もっと練習すれ**ば**上手になるでしょう。 れんしゅう　　じょう ず ● この店に来れ**ば**、いつもおいしい料理が食べられます。

日付 ひづけ	／	／	／
得点 とくてん	／19	／19	／19

問題1 　□□□からことばをえらび、正しい形に変えて＿＿＿＿に入れてください。
　　　　　　　　　　　　　　　　　　　　かたち　か　　　　　　　　　　い
それから、（　　）に合う文の続きをa・bからえらんでください。
　　　　　　　　　　あ　ぶん　つづ

終わる　　続ける　　だす　　すぎる　　やすい　　にくい
お　　　　つづ

❶ 長い時間立ち＿＿＿＿＿＿から、（　　　）。
　　　　　　　た
　　a. 足が疲れました　　　　　　　　　　b. 立たないでください
　　　　あし　つか

❷ これは難しくて覚え＿＿＿＿＿＿言葉です。（　　　）。
　　　　　　むずか　　　おぼ　　　　　　ことば
　　a. すぐに覚えられます　　　　　　　　b. なかなか覚えられません
　　　　　　　おぼ　　　　　　　　　　　　　　　　　　　おぼ

❸ １週間もかかったけど、やっとレポートが書き＿＿＿＿＿＿ので、（　　　）。
　　　しゅうかん　　　　　　　　　　　　　　　　　か
　　a. ちょっと休もうと思います　　　　　b. これからがんばります
　　　　　　やす　　　　おも

❹ 急に雨が降り＿＿＿＿＿＿。（　　　）。
　　きゅう　あめ　ふ
　　a. かさを持っていなかったので困った　b. かさをさすのをやめた
　　　　　　も　　　　　　　　　　こま

❺ 料理がおいしくて、食べ＿＿＿＿＿＿た。（　　　）。
　　りょうり　　　　　　　　た
　　a. もっと食べたいと思った　　　　　　b. 夜中におなかが痛くなった
　　　　　　　た　　　　　おも　　　　　　　　　　よなか　　　　　いた

❻ 雪が降った後は、道がすべり＿＿＿＿＿＿ですよ。危ないから（　　　）。
　　ゆき　ふ　　あと　　みち　　　　　　　　　　　　　あぶ
　　a. すべりにくい靴をはきましょう　　　b. すべる靴をはいたほうがいいですよ
　　　　　　　　　くつ　　　　　　　　　　　　　　　　くつ

問題2 　例のように、（　　）の中にことばを書いてください。
　　　　　れい

　　例１：「急げば間に合うよ。」「じゃあ、（　急ごう　）」
　　れい　いそ　ま　あ　　　　　　　　　いそ
　　例２：「まり子に（　頼めば　）、やってくれるだろう。」
　　れい　　こ　　たの
　　　　　「じゃあ、彼女に 頼もう」
　　　　　　　かのじょ　たの

❶「もう少し待てば、来るだろう。」「じゃあ、もう少し（　　　　　　）。」
　　　　すこ　ま

❷「調べれば、わかるだろう。」「じゃあ、すぐ（　　　　　　）。」
　　しら

❸「月曜に来ればキムさんに会えるだろう。」「じゃあ、月曜に（　　　　　）。」
　　げつよう　く　　　　　　　　　　あ

❹「電話すれば、元気かどうかわかるよ。」「じゃあ、電話（　　　　　）。」
　　でんわ　　　　げんき

❺「窓を（　　　　　　）、涼しくなるよ。」「うん、開けよう。」
　　まど　　　　　　　　　すず　　　　　　　　　　あ

❻「電池を（　　　　　）、きっと動くよ。」「そうだね。替えよう。」
　　でんち　　　　　　　　　うご　　　　　　　　　　　か

❼「トムさんに（　　　　）教えてくれるよ。」「そうか。それじゃ、彼に聞こう。」
　　　　　　　　　　　おし　　　　　　　　　　　　　　　　　かれ　き

◆ 練習しましょう の正解は別冊にあります
　れんしゅう　　　　　せいかい　べっさつ

69

知っていますか？ 普通形（ふつうけい）

Do you know? ◇ Bạn có biết?

〈普通形〉の文型（ぶんけい）

◆ 〈普通形〉接続の例はp.175にあります。

普通形の例	動詞（どうし）	「行く」「行かない」「行った」「行かなかった」　「見る」「見ない」「見た」「見なかった」 「する」「しない」「した」「しなかった」　　　　「来る」「来ない」「来た」「来なかった」
	い形容詞（けいようし）	「暑い」「暑くない」「暑かった」「暑くなかった」 「いい」「よくない」「よかった」「よくなかった」
	な形容詞（けいようし）	「元気だ」「元気ではない / 元気じゃない」「元気だった」「元気ではなかった / 元気じゃなかった」
	名詞（めいし）	「学生だ」「学生ではない / 学生じゃない」「学生だった」「学生ではなかった / 学生じゃなかった」

〜らしい 〜ようだ 〜みたいだ 〜はずだ 〜はずがない 〜かもしれない	● 部屋の電気がついているから、イさんは家にいる **らしい / ようだ / みたいだ / はずだ**。 ● ガレージ* に車がないから、イさんは家にいない **らしい / ようだ / みたいだ / はずだ**。 ● トムさんは学生だから、夏休みはひまな**はずだ**。 ● 今日は平日（へいじつ）だから、郵便局（ゆうびんきょく）が休みの**はずがない**。 ● 寒いね。明日は雪**かもしれません**。
〜そうだ〔伝聞（でんぶん） hearsay / tin đồn〕	● トムさんとカレンさんが結婚（けっこん）した**そうだ**。
〜ために〔原因（げんいん）〕	● 大雨（おおあめ）が降（ふ）った**ために**川の水があふれてしまった。
〜し	● 熱（ねつ）もある**し**、せきも出る**し**、とてもつらい。 ● 熱（ねつ）もない**し**、せきも出ないから、だいじょうぶです。
〜とき 〜ときに 〜ときは	● 中国へ行った**とき**、ワンさんに会った。 ● 小さいこどもは食べる**ときに**、スプーンを使います。 ● 外国へ行く**ときは**、パスポートが必要（ひつよう）だ。
〈名詞（めいし）を説明（せつめい）する文〉	● 探（さが）していたものが見つかりました。 ● 欠席（けっせき）する人は連絡（れんらく）してください。 ● 昨日（きのう）見た映画（えいが）はおもしろかった。 ● 日本語ができない人は英語で書いてもいいです。 ● ゆうべ食べなかったパンを今日食べよう。 ● 体によくないものは食べません。

◆少し難（むずか）しい言葉（ことば）(*)の翻訳（ほんやく）は別冊（べっさつ）にあります

日付 ひづけ	／	／	／
得点 とくてん	／10	／10	／10

問題1 （　　）に合うほうをえらんでください。

❶ 彼のように頭のいい人が（　　　　）。
かれ　　　　　あたま
　　a. 試験に落ちるはずがない　　　　　　　b. 試験に落ちることもある
　　　しけん　お　　　　　　　　　　　　　　　　しけん　お

＊ 彼のように頭のいい人でも（　　　　）。
かれ　　　　　あたま
　　a. 試験に落ちるはずがない　　　　　　　b. 試験に落ちることがある
　　　しけん　お　　　　　　　　　　　　　　　　しけん　お

❷ 事故があったために、（　　　　）。
じこ
　　a. 安全運転をしていなかった　　　　　　b. 電車が遅れてしまった
　　　あんぜんうんてん　　　　　　　　　　　　　でんしゃ　おく

＊ 事故を起こさないように、（　　　　）。
じこ　お
　　a. 安全な運転だとほめられた　　　　　　b. よく注意をして運転している
　　　うんてん　　　　　　　　　　　　　　　　ちゅうい　　　　うんてん

❸ こんなに気温が低いから、（　　　　）。
きおん　ひく
　　a. 雪が降るはずがない　　　　　　　　　b. 夜は雪が降るかもしれない
　　　ゆき　ふ　　　　　　　　　　　　　　　　よる　ゆき　ふ

＊ こんなに気温が低くても晴れているから、（　　　　）。
きおん　ひく　　　は
　　a. 雪は降りそうもない　　　　　　　　　b. 雪がやっぱり降ってきた
　　　ゆき　ふ　　　　　　　　　　　　　　　　ゆき　　　　ふ

問題2 例のように、（　　）の中のことばを並べ替えて、文を作ってください。
れい　　　　　　　　　　　　　　　　なら　か

　　例：　あの（ ケーキは　買った　おいしかった　店で ）です。
　　れい
　　　　　　⇒　あの（ 店で　買った　ケーキは　おいしかった ）です。

❶ 道を（ 左右を　ように　よく見る　ときは、　渡る ）しましょう。
　みち　　　さゆう　　　　　　　　　　　　　　わた
　　⇒　道を（　　　　　　　　　　　　　　　　　　　　　）しましょう。
　　　みち

❷ ケビンさんに（ いらっしゃる　会う　ご両親が　日本へ　ために ）そうです。
　　　　　　　　　　　　　　　あ　　りょうしん　にほん
　　⇒　ケビンさんに（　　　　　　　　　　　　　　　　　）そうです。

❸ アリさんは日本に（ から　日本語が　住んでいる　上手な　長く ）はずだ。
　　　　　　にほん　　　　　　にほんご　　す　　　　　じょうず　なが
　　⇒　アリさんは日本に（　　　　　　　　　　　　　　　）はずだ。

❹ 昨日（ 作って　おいしかった　くれた　とても　料理が　母が ）ので、
　きのう　　つく　　　　　　　　　　　　　　　　りょうり　はは
　「また作って」と頼んだ。
　　　つく　　　たの
　　⇒　昨日（　　　　　　　　　　　　　　　　　　　　　）ので、
　　　きのう
　　「また作って」と頼んだ。
　　　　つく　　　たの

◆ 練習しましょう の正解は別冊にあります
れんしゅう　　　せいかい　べっさつ

第1回　第2回　第3回　第4回　第5回　第6回　第7回　第8回　第9回　第10回

受身形・可能形・使役形・使役受身形
うけみけい　かのうけい　しえきけい　しえきうけみけい

Passive form / Possible form / Causative form / Causative passive form
Thể bị động / Thể khả năng / Thể sai khiến / Thể sai khiến bị động

 知っていますか？

Do you know? ◇ Bạn có biết?

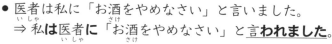 受身形・可能形
うけみけい　かのうけい

〈受身形〉の文型
うけみけい　　ぶんけい

受身形の例 うけみけい　れい	「言う⇒言われる」「ほめる⇒ほめられる」 「する⇒される」「来る⇒来られる」 こ

X は/が
Y に/から/によって
　　　＋〈受身形〉
　　　　　うけみけい

- 医者は私に「お酒をやめなさい」と言いました。
  いしゃ　さけ
  ⇒ 私は医者に「お酒をやめなさい」と言われました。
  いしゃ　さけ　い

- 先生がリーさんの作文をほめた。
  ⇒リーさんは/が先生に作文をほめられた。

- まりさんはお母さんから洗濯を頼まれた。
  せんたく　たの

- 電話はベルによって発明された*と言われています。
  はつめい　い

- ホテルでチェックインしたあと、部屋へ案内された。
  へや　あんない

- その国ではスペイン語が話されています。

〈困ったこと、よくないこと、
こま
迷惑したことを言うときの
めいわく
受身文〉
うけみ
Passive sentences when saying something
that is bad or troublesome
những câu bị động dùng khi nói về những
rắc rối, điều không tốt, phiền toái

- 失敗したとき、友達に笑われて、はずかしかった。
  しっぱい　ともだち　わら

- アルバイトの二人にやめられて、店長が困っている。
  こま

- ペットに死なれたときは、とても悲しかった。
  し

- 娘が友達にいじわるをされて、泣きながら帰ってきた。
  むすめ　ともだち　な

〈可能形〉の文型
かのう　　ぶんけい

可能形の例 かのうけい　れい	「読む⇒読める」「食べる⇒食べられる」 「する⇒できる」「来る⇒来られる」 ＊Ⅱグループの動詞では受身形と可能形が同じ形になる。 どうし　うけみけい　かのうけい　かたち

〈可能形〉
かのうけい

- 私は英語が読めますが、話せません。

- 100メートルをもっと早く走れるようになりたい。
  はし

- ビルの中ではたばこが吸えない。
  す

- この水は飲めません。飲まないでください。

- 風邪で熱が高くて起きられなかった。
  かぜ　ねつ　お

- くさった肉は食べられない。
  た

- 急いだら、時間どおりに来られてよかった。
  いそ　こ

- この公園ではテニスができる。
  こうえん

◆少し難しい言葉(*)の翻訳は別冊にあります
むずか　ことば　ほんやく　べっさつ

第1回
第2回
第3回
第4回
第5回
第6回
第7回
第8回
第9回
第10回

練習しましょう

れんしゅう

Let's practice!
Hãy luyện tập

A

日付 ひづけ	／	／	／
得点 とくてん	／19	／19	／19

問題1 正しい言い方に○、正しくない言い方に×を（　　）に書いてください。
かた　　　　　　　　　　かた

❶ うちのとなりに高いマンションが建てれた。（　　）
た

❷ 試験の結果がよくなかったので、父にしかられました。（　　）
しけん　けっか

❸ 次の試験は難しい問題が出せれるらしいから、よく準備をしよう。（　　）
つぎ　しけん　むずか　　　　　　　　　　　　　　　　　　じゅんび

❹ よく冷えされたビールはおいしい。（　　）
ひ

❺ 来月この町で町長の選挙が行われます。（　　）
ちょうちょう　せんきょ　おこな

❻ 旅行の雑誌は若者によく読めれている。（　　）
りょこう　ざっし　わかもの

❼ アンさんはカーンさんから食事に誘われました。（　　）
しょくじ　さそ

❽ テレビでラグビーの試合が放送された。（　　）
しあい　ほうそう

❾ その商品は来月10日からスーパーで売れる予定です。（　　）
しょうひん　らいげつ　か　　　　　　　　　　う　よてい

問題2 受身の文は「受身」の（　　）に○を、可能の文は「可能」の（　　）に○を、
うけみ　　　　うけみ　　　　　　　　　　かのう　　　　かのう
どちらにもなる文は両方の（　　）に○を書いてください。
りょうほう

	受身 うけみ	可能 かのう
❶ このホテルのどの部屋でもインターネットが使える。 へや	（　　）	（　　）
❷ 学校のどの教室でもインターネットが使われています。	（　　）	（　　）
❸ この漢字は難しくて、日本人でも書けない。 かんじ むずか	（　　）	（　　）
❹ ここに書かれている難しい漢字はどうやって書くのですか。 むずか かんじ	（　　）	（　　）
❺ 私のケーキが弟に食べられてしまった。	（　　）	（　　）
❻ おいしいケーキなら何個でも食べられる。 なんこ	（　　）	（　　）
❼ この学校に入れるのは100人だけです。 はい	（　　）	（　　）
❽ このあたりではどろぼうに入られる家が増えている。 はい ふ	（　　）	（　　）
❾ カギを持っていないので、戸が開けられません。 と あ	（　　）	（　　）
❿ 学校の門は朝8時に開けられます。 あ	（　　）	（　　）

◆ **練習しましょう** の正解は別冊にあります
れんしゅう　　　　　　せいかい　　べっさつ

73

使役形・使役受身形
（しえきけい　しえきうけみけい）

〈使役形〉の文型
（しえきけい）（ぶんけい）

使役形の例 （しえきけい　れい）	「行く⇒行かせる」「食べる⇒食べさせる」 「する⇒させる」「来る⇒来させる」（こ）

テーマ　将来の夢

X は/が　Y に/を ＋〈使役形〉（しえきけい）	● 先生が生徒に作文を書かせた。＝生徒が作文を書いた。（せいと）（せいと） ● 私は子どものとき、よく妹をいじめて泣かせた。＝妹が泣いた。（な）（な） ● リオくんは、いつも冗談を言って友達を笑わせる。（じょうだん）（ともだち　わら） 　＝友達が笑う。（ともだち　わら） ● 山から町の中にクマが出てきて人々を驚かせた。（ひとびと　おどろ） 　＝人々が驚いた。（ひとびと　おどろ） ● まり子さんは娘に食事をさせた。＝娘が食事をした。（こ）（むすめ　しょくじ）（むすめ　しょくじ）

〈使役受身形〉の文型
（しえきうけみけい）（ぶんけい）

使役受身形の例 （しえきうけみけい　れい）	「行かせられる / 行かされる」「食べさせられる」 「させられる」「来させられる」（こ）

Y は/が　X に ＋〈使役受身形〉（しえきうけみけい）	● 先生が生徒に作文を書かせた。（せいと　さくぶん） 　＝生徒は / が先生に作文を書かせられた / 書かされた。（せいと） ● 姉が妹をいじめて泣かせた。（な） 　＝妹は / が姉にいじめられて泣かせられた / 泣かされた。（な）（な） ● 父親は息子に英語を勉強させている。（ちちおや　むすこ） 　＝息子は父親に英語を勉強させられている。（むすこ　ちちおや）

目上の人（先生・上司・先輩など）に頼むときのていねいな言い方
（めうえ）（じょうし　せんぱい）（たの）（かた）

～（させ）て ┌くださいませんか └くださいませんか └いただけませんか	● 私「頭が痛いので、先に帰らせてください。」（あたま　いた） 　☆「いいですよ、どうぞ。」 ● 私「すみませんが、そのパソコンを使わせてくださいませんか。」 　☆「いいですよ。どうぞ。」 ● 私「すみませんが、明日は休ませていただけませんか。」 　☆「はい、どうぞ。」

日付 ひづけ	／	／	／
得点 とくてん	／13	／13	／13

問題1 a・bのどちらか正しいほうをえらんでください。

例： ヤンさんはパクさんを怒らせた。
⇒怒った人は（ⓐ.パクさん　b.ヤンさん）です。

❶ お母さんは子どもに部屋を片付けさせた。
⇒部屋を片付けた人は（a.母　b.子ども）です。

❷ お母さんは息子を留学させたいので英語の勉強をさせている。
⇒英語の勉強をしている人は（a.息子　b.母）です。

❸ 弟はサッカーの練習でけがをして、両親を心配させた。
⇒心配した人は（a.弟　b.両親）です。

❹ 私はいつも課長に書類をチェックさせられます。
⇒チェックする人は（a.課長　b.私）です。

❺ 私「まだ時間かかるね。ちょっと休ませてくれない？」
兄「うん、いいよ」
⇒休みたい人は（a.私　b.兄）です。

❻ アンさんは英語の先生に苦手な英語でスピーチをさせられた。
⇒スピーチをした人は（a.アンさん　b.先生）です。

問題2 正しい文に○、正しくない文に×を（　　）に書いてください。

❶ 予定が変わったら、知らせてください。（　　　）

❷ この荷物は重いので、息子に届けせられます。（　　　）

❸ 先生が私の漢字の間違いを直させられました。（　　　）

❹ とても忙しそうですね。手伝わせてくださいませんか。（　　　）

❺ みんながそのニュースに驚かされた。（　　　）

❻ 夜中まで仕事をさせれて疲れました。（　　　）

❼ ちょっと熱があっただけなのに入院させられた。（　　　）

Comparison / Characteristics / Condition
So sánh / Tính chất / Trạng thái

 知っていますか？

Do you know? ◇ Bạn có biết?

曾＝普通形→ p.70
ふ つうけい

比較 comparison
ひ かく so sánh

X に/と 比べてYは～ くら YはXに比べて～ くら ＝XよりYのほうは	[バス]に/と比べて[電車]は[速い]。：電車はバスより速い。 くら ● 今年の夏は去年に比べてとても暑かった。 きょねん くら
Xと違ってYは～ ちが ＝Xは～ではないが、Yは～	[私]と違って[弟は背が高い]。：私は背が高くない。 ちが せ たか せ ● 私と違って兄は運動が得意だ。 ちが うんどう とくい
XだけでなくYも～ ＝XもYもどちらも～	[弟]だけでなく[兄も背が高い]。：弟も兄も背が高い。 せ たか せ [行く・大きい・元気な・休み曾]だけでなく ● この薬局は薬だけでなく、日用品*も売っていて便利だ。 やっきょく くすり にちようひん う べんり
～に限る かぎ ＝～が一番いい いちばん	[行く/行かない・大きい/大きくない・元気/元気じゃない・休み/ 休みじゃない]に限る かぎ ● 体調が悪いときは、寝るに限る。 たいちょう ね かぎ
どちらかというと～ ＝二つを比べてみると、～ くら	● 宿題もテストも嫌だが、どちらかというと宿題のほうが しゅくだい いや しゅくだい いい。
Xくらい/ぐらい～はない Xほど～はない ＝Xがいちばん～だ	[行く・大きい・元気な・休み曾]くらい/ぐらい/ほど～はない ● 家族が健康であることほど幸せなことはない。 か ぞく けんこう しあわ
XというよりY ＝XではなくYと言うほうがいい	[行く・大きい・元気・休み曾]というより～ ● 今日の気温は30度を超えた。秋というより夏だ。 き おん ど こ

性質・状態 characteristics / condition
せいしつ じょうたい tính chất / trạng thái

～がち ＝よく～する/なる ※～：よくないこと	[病気になります・病気]がち ● 子どものころは体が弱くて、風邪をひきがちだった。 かぜ
～とおり ＝～と同じ	[言う・言った・説明書の]とおり・[説明書]どおり い せつめいしょ せつめいしょ ● 本に書いてあるとおりに作れば、おいしい料理ができます。
～切る き ＝全部、最後まで～する ぜんぶ	[飲みます]切る/切らない・切れる/切れない き き ● 今月の生活費を使い切ってしまったので、貯金を下ろした。 せいかつひ き ちょきん お ● こんな大きいケーキは、一人では食べ切れない。 き
～かける／～かけ ＝～始めたが、終わっていない	[食べます]かける・かけ ● この飲みかけのお茶はだれのですか。

◆少し難しい言葉（*）の翻訳は別冊にあります
むずか ことば ほんやく べっさつ

Xも～ば、Yも～ ＝XもYも～	[英語] も [話せば・うまければ・上手なら]、[日本語] も [話す・うまい・上手だ]。 ● リンさんは歌もうまければ、ダンスも上手だ。	
～向け ＝～のため	[子ども] 向け	● 市役所には外国人向けの案内がある。
～向き ＝～に合う	[子ども] 向き	● この靴は歩きやすいから旅行向きだ。
～うとする ＝～（する）気持ちが強い ～うとしない ＝～（する）気持ちがない	[行こう] とする・[行こう] としない	
	● 電車が来たが満員で、乗ろうとしたが、乗れなかった。	

練習しましょう

Let's practice!
Hãy luyện tập

日付	／	／	／
得点	／8	／8	／8

問題 （　）に入る最もよいものを1・2・3・4から一つえらんでください。

❶ 午前中はいい天気だったが、午後は天気予報で言っていた（　　　）雨が降った。
　　1　くらい　　　　2　みたい　　　　3　というより　　4　とおり

❷ この町は、東京に（　　　）物価*が安いので、住みやすいです。
　　1　比べて　　　　2　限って　　　　3　関して　　　　4　とって

❸ 家にある洗剤を使い（　　　）ので、買いに行った。
　　1　破った　　　　2　割った　　　　3　切った　　　　4　落とした

❹ 最近、夜遅くまで起きているので、朝寝坊を（　　　）がちだ。
　　1　し　　　　　　2　する　　　　　3　しない　　　　4　した

❺ 宿題をたくさん出す青山先生（　　　）、山下先生は宿題をほとんど出さない。
　　1　だけでなく　　2　というと　　　3　とちがって　　4　にたとえると

❻ 私と母は親子（　　　）親友のような関係だ。
　　1　ぐらい　　　　2　というより　　3　にかけて　　　4　など

❼ 友達に借りた本を読み（　　　）が、難しかったのですぐに返した。
　　1　通した　　　　2　きった　　　　3　かけた　　　　4　合った

❽ おふろに入ったあとで飲むビール（　　　）おいしいものはないと父が言う。
　　1　まで　　　　　2　だけ　　　　　3　ほど　　　　　4　ばかり

◆ **練習しましょう** の正解・少し難しい言葉(*)の翻訳は別冊にあります

やってみましょう

Let's try!
Hãy thử sức **A**

日付 <small>ひづけ</small>	／	／	／
得点 <small>とくてん</small>	／8	／8	／8

文字・語彙

文法

読解

聴解

日本語能力試験形式問題　言語知識（文の文法１）

つぎの文の（　　　）に入れるのに最もよいものを、1・2・3・4から一つえらびなさい。
<small>もっと</small>

1 娘はゲームに夢中*で、いくら言っても（　　　　）。
<small>むすめ</small>　<small>むちゅう</small>

　　1　やめようとしない　　　　　　　　2　やめようとする

　　3　やめきれる　　　　　　　　　　　4　やめかける

2 このゲームは子ども（　　　　）に作られたものですが、大人も楽しめます。
<small>おとな</small>　<small>たの</small>

　　1　行き　　　　　2　らしい　　　　　3　向け　　　　　4　みたい
　　　　　　　　　　　　　　　　　　　　　　<small>む</small>

3 夏休みに読もうと思って本を10冊借りたけれども、休み中には読み
<small>さつか</small>　　　　　　　　　　　　　　　　　　　　　　<small>ちゅう</small>
（　　　　）。

　　1　切れた　　　　2　切れなかった　　3　出した　　　　4　出さなかった

4 学生生活には楽しいことも（　　　　）、つらいこともある。
<small>せいかつ</small>

　　1　あったら　　　2　あるなら　　　　3　あれば　　　　4　あっても

5 去年に（　　　　）今年はさくらが早くさいた。

　　1　むけて　　　　2　くらべて　　　　3　ついて　　　　4　きれて

6 道を広げる工事は予定（　　　　）に行われている。
<small>みち</small> <small>ひろ</small>　<small>こうじ</small> <small>よてい</small>　　　　　　　<small>おこな</small>

　　1　ぐらい　　　　2　一方　　　　　　3　ばかり　　　　4　どおり
　　　　　　　　　　　　<small>いっぽう</small>

7 パソコンの使い方がわからないときは、コンピューターを勉強している兄に
<small>かた</small>
聞くに（　　　　）。

　　1　限る　　　　　2　見える　　　　　3　切れる　　　　4　わかる
　　　<small>かぎ</small>

8 このレストランは他の店と（　　　　）、ロボットが料理を運んでいる。
<small>ほか</small>　　　　　　　　　　　　　　　　　　<small>はこ</small>

　　1　いうより　　　2　かけて　　　　　3　たとえて　　　4　ちがって

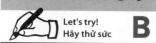

やってみましょう

Let's try!
Hãy thử sức **B**

日付 ひづけ	／	／	／
得点 とくてん	／6	／6	／6

日本語能力試験形式問題　言語知識（文の文法２・文章の文法）

問題1　つぎの文の___★___に入る最もよいものを、1・2・3・4から一つえらびなさい。
　　　　　　　　　　はい　もっと

1　友達と出かけるのはいやではないが、＿＿＿　＿＿＿　★　＿＿＿　ことの
　とも だち
　ほうが多い。

　　1　一人で　　　　　2　いうと　　　　　3　どちらかと　　　4　出かける

2　クラスの中で　＿＿＿　＿＿＿　★　＿＿＿　人はいない。

　　1　うまい　　　　　2　くらい　　　　　3　歌の　　　　　　4　上田君
　　　　　　　　　　　　　　　　　　　　　　　　　　　　　　　　うえ だ くん

3　この会社にはイタリア語を　＿＿＿　＿＿＿　★　＿＿＿　を 話す人もいる。

　　1　話す　　　　　　2　ロシア語　　　　3　人も　　　　　　4　いれば

問題2　つぎの文章を読んで、文章全体の内容を考えて、1 から 3 の中に入る最もよい
　　　　　　　　ぶんしょう　　　　　ぶんしょうぜんたい　　ないよう　　　　　　　　　　はい　もっと
　　　　　ものを、1・2・3・4から一つえらびなさい。

　青川公園は大山駅から歩いて20分のところにあります。青川公園は植物の種類
　あおかわこうえん　おおやま　　　　　　　　　　　　　あおかわこうえん　しょくぶつ　しゅるい
が多くて、公園 1 植物園のようだと言われています。 2 、動物が多いの
　　　　　こうえん　　　しょくぶつえん　　　　　　　　　　　　　　　　どうぶつ
もこの公園の特徴で、一年中、さまざまな小動物＊を見ることができます。特に
　　　こうえん　とくちょう　いちねんじゅう　　　　　しょうどうぶつ
鳥の種類は 3 ぐらい多いと言われています。ぜひ一度行ってみてください。
　しゅるい

1　1　というより　　　2　にかぎって　　　3　と同じに　　　　4　みたいに

2　1　それに比べて　　　　　　　　　　　2　それという
　　　　　　くら
　　3　それだけでなく　　　　　　　　　　4　それにしても

3　1　数える　　　　　　　　　　　　　2　数えない
　　　かぞ　　　　　　　　　　　　　　　　　　　かぞ
　　3　数えきれる　　　　　　　　　　　4　数えきれない
　　　かぞ　　　　　　　　　　　　　　　　　　　かぞ

第1回　第2回　第3回　第4回　第5回　第6回　第7回　第8回　第9回　第10回

◆ **やってみましょう** の正解・少し難しい言葉（＊）の翻訳は別冊にあります
　　　　　　　　　　　　せいかい　むずか　　ことば　　　ほんやく　べっさつ

第6回 推測・程度・強調
だい かい　すいそく　ていど　きょうちょう

Guess / Degree / Emphasis
Suy đoán / Mức độ / Nhấn mạnh

知っていますか？

Do you know? ◇ Bạn có biết?

圕＝普通形→ p.70
ふつうけい

推測 guess
すいそく suy diễn

～わけがない ＝（～の理由は考えられないから）絶対に～ない りゆう　　　　　　　　　　　ぜったい	［行く・大きい・元気な・休みの 圕］**わけがない** ● がんばって勉強しているのだから、合格できない**わけがない**。 　　　　　　　　　　　　　　　　　　ごうかく
～に決まっている き ＝ぜったいに～	［行く・大きい・元気・休み 圕］**に決まっている** ● 毎日３時間しか寝なかったら、病気になる**に決まっている**。 　　　　　　　　　ね
～恐れがある おそ ＝～可能性 possibility / khả năng 　　かのうせい 　がある 　　※～：よくないこと	［行く / 行かない・大きい / 大きくない・下手な / 下手ではない・休みの / 　　　　　　　　　　　　　　　　　　へた　　　　　へた 休みではない］**恐れがある** おそ ● 雨が降り続くと川があふれる**恐れがある**。 　　　ふ　　つづ　　　　　　　　　おそ  
～と見える み ＝～ようだ	［行く・大きい・元気だ・休みだ 圕］**と見える** ● 兄は疲れている**と見えて**、食事も食べずに寝てしまった。 　　　つか　　　　　　　　　　しょくじ　　　　　　　ね
～んじゃない？ ＝～だろう	［行く・大きい・元気な・休みな 圕］**んじゃない？** ● 疲れている**んじゃない？**　目が赤いよ。 　つか

程度 degree
ていど mức độ

～くらい / ぐらい… **～ほど…** ＝～と同じ程度に… 　　　　おな　ていど **～くらいだ / ぐらいだ** **～ほどだ** ＝～と同じ程度だ 　　　　おな　ていど	［びっくりする・おもしろい・ふしぎな・日本人 圕］**くらい / ぐらい /** **ほど** ● いやになる**ほど**仕事がある。 ● うれしくて泣きたい**くらいだ**。 　　　　　　な
～みたい ＝～（の）よう	［行く・大きい・元気・休み 圕］**みたい** ● ９月なのにとても寒い。冬**みたいだ**。
～ようがない ＝～方法がなくて～できない 　　ほうほう	［行きます］**ようがない** ● 外国人に質問されたが、言葉がわからなくて答え**ようがない**。 　　　　　　しつもん　　　　　　ことば

文字・語彙

文法

読解

聴解

80

～ば…ほど ＝～と、もっと	［行けば行く・大きければ大きい・元気なら元気な］ほど
	● テニスは練習をすればするほど、上手になります。
～だけ ＝たくさん、限界まで a lot, to the limit / nhiều, trong khả năng có thể	［食べられる・食べたい・好きな］だけ
	● できるだけ早く来てください。

強調 emphasis
きょうちょう nhấn mạnh　　※～を強調する emphasize ～ / nhấn mạnh～
　　　　　　　　　　　　　　　きょうちょう

～など ～なんて ～なんか ＝～（こと）は	［行く・大きい・元気だ・休み 嗇］など / なんて
	［休み］なんか（いらない・きらいだ）
	● 今日テストがあるなんて、知らなかった。
	● 勉強なんかしたくない。
～てたまらない ～てしかたがない ＝とても～	［行きたくて・うれしくて・残念で］たまらない / しかたがない
	● ペットの犬が死んだ。悲しくてたまらない。
～さえ…ば ＝～だけ…だったら、あとは しなくていい／関係ない	［行きます］さえ［すれば］
	［あなた］さえ［行けば・よければ・元気なら・休みなら］
	● 家族さえいれば、私は幸せだ。
どんなに～ても ＝たくさん～ても	どんなに［行って・大きくて・元気で・金持ちで］も
	● 私はどんなに食べても太らない。

～こそ ＝～は	［今度］こそ
	● 今年こそ、結婚したい。
	● これこそ、私がほしかったものだ。

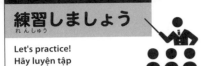

日付 ひづけ	／	／	／
得点 とくてん	／8	／8	／8

練習しましょう
れんしゅう

Let's practice!
Hãy luyện tập

文字・語彙

文法

読解

聴解

問題 （　）に入る最もよいものを1・2・3・4から一つえらんでください。
はい　もっと

❶ パソコンが壊れた。自分では（　　　　）がないので、修理に出した。
こわ　　　　　　　　　　　　　　　　　　　　しゅうり
　　１　直すほう　　　２　直したほう　　　３　直そう　　　　４　直しよう
　　　　なお　　　　　　　　なお　　　　　　　　なお　　　　　　　　なお

❷ 私はどんなに（　　　　）、食事は自分で作ることにしている。
　　　　　　　　　　　　　　しょくじ
　　１　疲れたら　　　　　　　　　　　　　　２　疲れなければ
　　　　つか　　　　　　　　　　　　　　　　　　　つか
　　３　疲れていても　　　　　　　　　　　　４　疲れると
　　　　つか　　　　　　　　　　　　　　　　　　　つか

❸ 山田さんはイギリスに留学していたのだから、英語ができない（　　　　）。
　　やまだ　　　　　　　　　　りゅうがく
　　１　わけがない　　　　　　　　　　　　　２　わけにはいかない
　　３　わけだ　　　　　　　　　　　　　　　４　というわけだ

❹ 毎日食べたい（　　　）食べていたら、太ってしまった。
　　　　　　　　　　　　　　　　　ふと
　　１　さえ　　　　　２　こそ　　　　　３　だけ　　　　４　一方
　　　　　　　　　　　　　　　　　　　　　　　　　　　　　　いっぽう

❺ フランス語は少し勉強したので、かんたんなあいさつ（　　　）ならできる。
　　１　さえ　　　　　２　しか　　　　　３　ばかり　　　　４　ぐらい

❻ あの店、入り口に花がたくさんあって花屋（　　　）けど、実はカフェなんだよ。
　　　　　　い　ぐち　　　　　　　　　　はなや　　　　　　　じつ
　　１　みたいだ　　２　ようだ　　　３　はずだ　　　４　そうだ

❼ ゆうべ遅くまでゲームをしていたので、今日は（　　　　）。
　　　　おそ
　　１　眠くてたまらない　　　　　　　　　２　眠いことはない
　　　　ねむ　　　　　　　　　　　　　　　　　ねむ
　　３　眠くてもかまわない　　　　　　　　４　眠いはずがない
　　　　ねむ　　　　　　　　　　　　　　　　　ねむ

❽ 弟「この牛乳、消費期限＊を2週間過ぎてるんだけど、まだだいじょうぶかな？」
　　　　　ぎゅうにゅう　しょうひきげん
　　姉「それは飲めない（　　　　）でしょ。すぐに捨てなくちゃ。」
　　　　　　　　　　　　　　　　　　　　　す
　　１　ようがない　　　　　　　　　　　　２　に決まってる
　　３　ことになってる　　　　　　　　　　４　とは限らない
　　　　　　　　　　　　　　　　　　　　　　　　　かぎ

82

◆ **練習しましょう** の正解・少し難しい言葉（＊）の翻訳は別冊にあります
　　れんしゅう　　　　せいかい　むずか　ことば　　　　　ほんやく　べっさつ

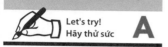
日付 ひづけ	／	／	／
得点 とくてん	／8	／8	／8

日本語能力試験形式問題　言語知識（文の文法1）

つぎの文の（　　　）に入れるのに最もよいものを、1・2・3・4から一つえらびなさい。
　　　　　　　　　　　　　　もっと

1 ゲームは、難しければ（　　　　　）おもしろいと思う。
　　　　　むずか

1　難しいかわりに　　　　　　　　2　難しい上に
　　むずか　　　　　　　　　　　　　　むずか
3　難しいほど　　　　　　　　　　4　難しいおかげで
　　むずか　　　　　　　　　　　　　　むずか

2 空が暗くなってきたよ。雨が（　　　　　）?

1　降るんじゃない　　　　　　　　2　降らないんじゃない
　　ふ　　　　　　　　　　　　　　　ふ
3　降ったんだって　　　　　　　　4　降らないの
　　ふ　　　　　　　　　　　　　　　ふ

3 100メートルを9秒で走る（　　　　　）、すごいね。
　　　　　　　　びょう　はし

1　なんて　　　　2　として　　　　3　にとって　　　　4　には

4 ずっと行きたいと思っている北海道へ、今年（　　　　　）行くつもりだ。
　　　　　　　　　　　　　　　ほっかいどう

1　とは　　　　　2　こそ　　　　　3　うちに　　　　4　さえ

5 給料が高くて楽な仕事？　そんなの、ある（　　　　　）。
　　きゅうりょう　　　らく

1　ことがある　　2　わけがない　　3　と見える　　　4　に限る
　　　　　　　　　　　　　　　　　　　　　　　　　　　　　かぎ

6 人間は水（　　　　）あれば、1カ月ほど生きることができるそうだ。

1　から　　　　　2　まで　　　　　3　さえ　　　　4　くらい

7 悲しいときは、泣きたい（　　　　　）泣いたら、気持ちが少し軽くなる。
　　かな　　　　　な　　　　　　　　　　な　　　　きも

1　より　　　　　2　もの　　　　　3　しか　　　　4　だけ

8 今週末は大雪が（　　　　　）から、出かけないほうがいい。
　　こんしゅうまつ　おおゆき

1　降るおそれがある　　　　　　　2　降りようがない
　　ふ　　　　　　　　　　　　　　　ふ
3　降ってしかたがない　　　　　　4　降らなさそうだ
　　ふ　　　　　　　　　　　　　　　ふ

◆ **やってみましょう** の正解は別冊にあります
　　　　　　　　　　せいかい　べっさつ

Let's try!
Hãy thử sức **B**

日本語能力試験形式問題　言語知識（文の文法2・文章の文法）

問題1　つぎの文の＿＿★＿＿に入る最もよいものを、1・2・3・4から一つえらびなさい。

1　妹は、何か ＿＿＿ ＿＿＿ ★ ＿＿＿ 、にこにこしている。

　　1　見えて　　　　2　いい　　　　　3　あったと　　　4　ことが

2　歯が ＿＿＿ ＿＿＿ ★ ＿＿＿ 休んで歯医者に行った。

　　1　しかたがない　2　学校を　　　　3　ので　　　　　4　痛くて

3　こんなに厚い本を一日で ＿＿＿ ＿＿＿ ★ ＿＿＿ と思う。

　　1　読むのは　　　2　がんばっても　3　どんなに　　　4　無理だ

問題2　つぎの文章を読んで、文章全体の内容を考えて、1から3の中に入る最もよいものを、1・2・3・4から一つえらびなさい。

　　大きな地震が起きたときのことを考えてありますか。電気やガス、水などがしばらく 1 。そして、スーパーやコンビニの商品もすぐに売り切れてしまうでしょう。しかし、そのような場合でも、 2 、だいじょうぶです。あなたの家には何がどのくらい必要か調べてみてください。大きな地震は 3 などと考えるのはやめましょう。そして、今のうちにしっかり準備しておいてください。

1　1　止まる恐れがあります　　　　　2　止まるわけがありません
　　3　止まりかけました　　　　　　　4　止まったほどです

2　1　準備しなくても　　　　　　　　2　準備さえしてあれば
　　3　準備をすればするほど　　　　　4　準備したとたん

3　1　起きるにちがいない　　　　　　2　起きることになっている
　　3　起きないに決まっている　　　　4　起きないのだろうか

◆ **やってみましょう** の正解は別冊にあります
せいかい　　べっさつ

原因・理由・結果・主観・視点・立場
げんいん　りゆう　けっか　しゅかん　してん　たちば

Cause / Reason / Effect / Subjective / Perspective / Stance
Nguyên nhân / Lý do / Kết quả / Chủ quan / Quan điểm / Lập trường

知っていますか？

Do you know? ◇ Bạn có biết?

原因・理由・結果　cause / reason / effect
げんいん　りゆう　けっか　nguyên nhân / lý do / kết quả

圕=普通形→ p.70
ふつうけい

※～：原因・理由　…：結果
　　げんいん　りゆう　　　けっか

～おかげ（で）… ＝～が いいから／よかった 　から（良い結果になった） 　　　　　よ　けっか	［行く・大きい・元気な・休みの 圕］ **おかげ（で）** ● 十分に準備した**おかげで**、入りたい大学に合格できた。 　じゅうぶん　じゅんび　　　　　　　　　はい　　　だいがく　ごうかく
～せい（で）… ＝～が 悪いから／原因で 　　　　　　　　げんいん 　（悪い結果になった） 　　　　けっか	［行く・大きい・元気な・休みの 圕］ **せい（で）** ● 十分な準備をしなかった**せいで**、入りたい大学に合格できな 　じゅうぶん　じゅんび　　　　　　　　　はい　　　だいがく　ごうかく 　かった。
…。なぜなら、～ **（からだ。）** ＝…。その理由は、～ 　　　　りゆう	［X］。**なぜなら**、［（Xの原因・理由）］。 　　　　　　　　　　　　げんいん　りゆう ● あのレストランは人気がある。**なぜなら**、サービスがとても 　　　　　　　　にんき 　いい**からだ**。
～ことから… ＝～が理由で 　　　りゆう	［（Xの理由）］**ことから**［X］。 　　　りゆう ［行く・大きい・元気な・休みである 圕］ **ことから** ● 海が近い**ことから**、この店ではおいしい魚料理が食べられる。 　うみ　ちか　　　　　　　　みせ　　　　　さかなりょうり　た ● 林さんは、猫が大好き**なことから**、「猫さん」と呼ばれている。 　はやし　　　ねこ　だいす　　　　　　　ねこ　　　よ ＊自分のことには使わない。×風邪をひいた**ことから**学校を休んだ。 　　　　　　　　　　　かぜ
～からといって **だからといって** ＝～という理由があっても 　　　　りゆう	［行く・大きい・元気だ・休みだ 圕］ **からといって** ［日本人だ］。**だからといって**［敬語が正しく使えるとは言えない］ 　　　　　　　　　　　　　　けいご ● 値段が高い**からといって**、いい商品だとは限らない＊。 　ねだん　たか　　　　　　　　しょうひん　　　　かぎ ● 私は彼が好きだ。**だからといって**、結婚したいわけではない＊。 　わたし　かれ　す　　　　　　　　　　　けっこん
～からこそ **～。だからこそ** ＊「～（理由）」を強調 　　　りゆう　　きょうちょう emphasis / nhấn mạnh	［行く・大きい・元気だ・休みだ 圕］ **からこそ** ［この仕事は難しい］。**だからこそ**［やってみたい］。 　　　しごと　むずか ● 忙しい**からこそ**、無理をしないで休みをとる必要がある。 　いそが　　　　　　　　む　り　　　　　やす　　　　ひつよう
～ことになる ＝～という結果になる **～ことになった** ＝～に決まった **～ことになっている** ＝～に決まっている	［行く・行かない・いい・よくない・大変な］ **ことに なる／なった** 　　　　　　　　　　　　　　　たいへん **／なっている** ● 給料が減れば、社員はアルバイトをする**ことになる**。 　きゅうりょう　へ　　　しゃいん ● 来週、大阪へ出張する**ことになった**。 　らいしゅう　おおさか　しゅっちょう ● この学校では、毎日学生が掃除をする**ことになっている**。 　　　がっこう　　　まいにちがくせい　そうじ
…わけだ ＝…の理由がわかった 　　りゆう 　…は当然だ 　　とうぜん	［行く・大きい・元気な・休みな 圕］ **わけだ** ● 暑い**わけだ**。エアコンがついていない。 　あつ

◆少し難しい言葉（＊）の翻訳は別冊にあります
　すこ　むずか　ことば　　　　ほんやく　べっさつ

原因・理由・結果・主観・視点・立場

Cause / Reason / Effect / Subjective / Perspective / Stance
Nguyên nhân / Lý do / Kết quả / Chủ quan / Quan điểm / Lập trường

文字・語彙 **文法** 読解 聴解

主観・視点・立場 subjective / perspective / stance
（しゅかん・してん・たちば） chủ quan / quan điểm / lập trường

～というのは ＝～は、「～」を説明すると（せつめい）	［X］**というのは**［（Xの意味）］ ● PC **というのは**パソコンのことだ。 ● 著者（ちょしゃ）**というのは**、その本を書いた人のことだ。
～によって ＝～が変わると（か）（…が変わる）（か） 　～の違いで（ちが）（…が変わる）（か）	［国・人・時代（じだい）］**によって**［（変わる）（か）］ ● 季節（きせつ）**によって**景色（けしき）が変わる（か）。 ● 人**によって**好きな食べ物が違う（ちが）。 
～として ＝～の立場で（たちば） as a ~/ với tư cách là ~	［親（おや）・社長（しゃちょう）・政府（せいふ）］**として** ● 私は留学生（りゅうがくせい）**として**日本に来ました。 ● 母は、看護師（かんごし）**として**夜も働いている。
～というと… **～といえば…** **～といったら…** ＝～と聞いて思い出すのは… 　～の代表的なものは…（だいひょうてき） typical example / thứ/điều tiêu biểu của ~ là	［日本］**というと/いえば/いったら**［（思い出すこと/もの・代表的（だいひょう てき）なこと/もの）］ ● 日本の有名な観光地（かんこうち）**というと**、やはり京都（きょうと）だろう。 ● 春の花**といえば**、さくらだ。 ● 子どもたちに人気（にんき）がある遊び（あそ）**といったら**、ゲームだ。
～にかけては ＝～の面では（めん） in terms of ~/ về mặt ~	［（得意なこと（とくい）/領域（りょういき））］**にかけては**［自信がある（じしん）・負けない（ま）・いちばんだ］。 ● 走る（はし）こと**にかけては**だれにも負けない（ま）。 ● ずっとパソコン入力（にゅうりょく）の仕事をしてきたから、入力の速さ（にゅうりょく）**にかけては**自信がある（じしん）。
～において ＝～〈場所、領域（りょういき） domain, field / lĩnh vực、時代（じだい）〉で	［（場所・領域（りょういき）・時代（じだい））］**において** ● 2021年に東京（とうきょう）**において**オリンピック大会（たいかい）が開かれた（ひら）。 ● この資料（しりょう）は私たちの研究（けんきゅう）**において**とても重要（じゅうよう）だ。
～にとって ＝～〈人、立場（たちば）、領域（りょういき） domain, field / lĩnh vực〉には	［（人・立場（たちば）・領域（りょういき））］**にとって** ● 小さい子ども**にとって**母親（はは おや）は何（なに）より大切（たいせつ）だ。 ● もうすぐ入学試験（にゅうがく しけん）だ。今の私**にとって**必要（ひつよう）なのは時間だ。

第1回
第2回
第3回
第4回
第5回
第6回
第7回
第8回
第9回
第10回

練習しましょう
れんしゅう

Let's practice!
Hãy luyện tập

問題 （　　）に入る最もよいものを1・2・3・4から一つえらんでください。
はい　もっと

❶ 雨が降ったおかげで、（　　　　）。
ふ

　　1　明日晴れるだろう　　　　　　　　2　かさを買った
　　　　　は　　　　　　　　　　　　　　　　　　　　か
　　3　家が流されてしまった　　　　　　4　庭の花に水をやらなくてもよくなった
　　　　いえ　なが　　　　　　　　　　　　　　にわ

＊ 雨が降ったせいで、（　　　　）。
ふ

　　1　明日晴れるだろう
　　　　は
　　2　かさは必要ない
　　　　　ひつよう
　　3　サッカーの試合が中止になってしまった
　　　　　　　しあい　ちゅうし
　　4　花に水をやらなくてもよかった

❷ 国によって（　　　　）。

　　1　文化がある　　　　　　　　　　　2　文化が違う
　　　　ぶんか　　　　　　　　　　　　　　　ぶんか　ちが
　　3　文化に慣れる　　　　　　　　　　4　文化を知る
　　　　ぶんか　な　　　　　　　　　　　　　ぶんか　し

❸ （　　　　）。暗いわけだ。
　　　　　　　　くら

　　1　電気がついていない　　　　　　　2　電気をつけよう
　　　　でんき　　　　　　　　　　　　　　　でんき
　　3　電気をつけた　　　　　　　　　　4　電気を消した
　　　　でんき　　　　　　　　　　　　　　　でんき　け

❹ 引っ越そうと思う。なぜなら、（　　　　）。
　　ひ　こ　　　おも

　　1　いろいろなものを買うからだ　　　2　今の家はせまいからだ
　　　　　　　　　　　　　　　　　　　　　　いま　いえ
　　3　駅から近くて便利だからだ　　　　4　日本に留学したからだ
　　　　えき　ちか　べんり　　　　　　　　　　　にほん　りゅうがく

❺ このサッカーボールは、私に（　　　　）忘れられない思い出の品物です。
　　　　　　　　　　　　　　わたし　　　　　　わす　　　　おも　で　しなもの

　　1　ついて　　　　　2　よって　　　　3　くらべて　　　4　とって

❻ 来週、さくらホテルにおいて（　　　　）。
　　らいしゅう

　　1　家族と食事します　　　　　　　　2　泊まる予定です
　　　　かぞく　しょくじ　　　　　　　　　　と　　　よてい
　　3　会社説明会＊が開かれます　　　　4　友達と会います
　　　　かいしゃせつめいかい　ひら　　　　　　ともだち　あ

❼ 4月から、IT企業の（　　　　）働くことになった。
　　　　　アイティー　きぎょう　　　　　　　はたら

　　1　仕事として　　　　　　　　　　　2　会社として
　　　　しごと　　　　　　　　　　　　　　かいしゃ
　　3　経営として　　　　　　　　　　　4　技術者として
　　　　けいえい　　　　　　　　　　　　　ぎじゅつしゃ

◆ **練習しましょう** の正解・少し難しい言葉（＊）の翻訳は別冊にあります
　　れんしゅう　　　　せいかい　むずか　ことば　　　　ほんやく　べっさつ

日本語能力試験形式問題　言語知識（文の文法１）

つぎの文の（　　　）に入れるのに最もよいものを、１・２・３・４から一つえらびなさい。

1 世界中で有名な日本の料理（　　　　）、すしと天ぷらだ。

　　１　によって　　　　２　といえば　　　　３　として　　　　４　にとって

2 日本人（　　　　）、きれいな日本語が話せるとは限らない。

　　１　だから　　　　　　　　　　　２　なのに
　　３　だからといって　　　　　　　４　だけれども

3 ガールフレンドと来月結婚する（　　　　）。

　　１　ものだ　　　　２　ものになった　　　３　ことだ　　　　４　ことになった

4 休みが取れた（　　　　）で旅行に行けたけれど、その（　　　　）で貯金が
ゼロになった。

　　１　おかげ／おかげ　　　　　　　２　せい／せい
　　３　おかげ／せい　　　　　　　　４　せい／おかげ

5 お掃除ロボット（　　　　）、自動でゴミを探して掃除してくれる機械のことだ。

　　１　というのは　　２　という　　　３　といっても　　４　といって

6 この街は、富士山が見える（　　　　）、富士見町と呼ばれている。

　　１　ことで　　　　２　ことから　　　３　ことに　　　　４　ことは

7 外国に住んで苦労した（　　　　）いろいろな考え方が理解できるように
なった。

　　１　だけで　　　　２　によって　　　３　からといって　　４　からこそ

8 コンピューターの知識（　　　　）中村さんが一番だ。

　　１　につれて　　２　とすれば　　　３　によると　　　４　にかけては

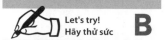
日付 ひづけ	／	／	／
得点 とくてん	／6	／6	／6

日本語能力試験形式問題　言語知識（文の文法2・文章の文法）

問題1　つぎの文の＿★＿に入る最もよいものを、1・2・3・4から一つえらびなさい。
　　　　　　　　　　　　はい　もっと

１　このクラスの代表*　＿＿＿　＿＿＿　＿★＿　＿＿＿　中山さんだろう。
　　だいひょう　　　　　　　　　　　　　　　　　なかやま

　１　いったら　　　　　　　　　　　　２　よくできる

　３　勉強もスポーツも　　　　　　　　４　と

２　大学を卒業したら、父の　＿＿＿　＿＿＿　＿★＿　＿＿＿　と思っている。
　　　　　　そつぎょう

　１　働きたい　　　２　社員　　　　３　会社で　　　４　として
　　　　　　　　　　　　しゃいん

３　子どもたちに　＿＿＿　＿＿＿　＿★＿　＿＿＿　であるべきだ。

　１　とって　　　２　ところ　　　３　安心できる　　　４　家は

問題2　つぎの文章を読んで、文章全体の内容を考えて、□1□から□3□の中に入る最もよい
　　　　　　ぶんしょう　　　　ぶんしょうぜんたい　ないよう　　　　　　　　　　　　　　　　　　　　　　はい　もっと
　　　　　ものを、1・2・3・4から一つえらびなさい。

　今年の冬は水が足りないそうだ。□1□、夏に雨がほとんど降らなかったから
　　　　　　　　　　　た
だ。日本は雨が多いし、川もたくさんあるから、世界の中では水が多い国だ。
水道の水もきれいで、そのまま飲むことができる。水が十分あることは、日本人
　　　　　　　　　　　　　　　　　　　　　　じゅうぶん
□2□。しかし最近は、工場で使われる水の量が増えたり、川が汚くなったり
　　　　　　　　　　こうじょう　　　　　　　　りょう　ふ　　　　　　きたな
して、水が不足することが多くなった。水を大切にして、むだな使い方をしない
　　　　　　ふそく　　　　　　　　　　　　　　　　　　　　　　　　　かた
ことが重要だ。来月□3□開かれる国際会議では、そのことが話し合われる。
　　　じゅうよう　　　　　　ひら　　　こくさいかいぎ　　　　　　　　はな　あ

□1□　１　また　　　　　２　そして　　　　３　なぜなら　　　　４　なぜ

□2□　１　にとって当たり前のことだ　　　２　として当たり前のことだ
　　　　　　　　あ　まえ　　　　　　　　　　　　　　あ　まえ
　　　３　にとってふしぎなことだ　　　　４　としてふしぎなことだ

□3□　１　川において　　　　　　　　　２　水において
　　　３　世界において　　　　　　　　４　日本において

◆ **やってみましょう** の正解・少し難しい言葉(*)の翻訳は別冊にあります
　　　　　　　　　　　せいかい　　むずか　　ことば　　　　ほんやく　べっさつ

第1回　第2回　第3回　第4回　第5回　第6回　第7回　第8回　第9回　第10回

第**8**回
だい かい

条件・仮定・逆接・伝聞
じょうけん かてい ぎゃくせつ でんぶん

Conditions / Assumption / Adversative conjunction / Hearsay
Điều kiện / Giả định / Quan hệ đối lập / Nghe nói

💬 知っていますか？

Do you know?　◇　Bạn có biết?

条件・仮定　conditions / assumption
じょうけん かてい　điều kiện / giả định

圕＝普通形→ p.70
ふ つうけい

※～：条件、仮定
じょうけん かてい

～と… ～ば… ～たら… ～なら… ※～：「…」の条件 (conditions / điều kiện) じょうけん	[行く / 行かない・大きい / 大きくない・元気だ / 元気じゃない・休みだ / 休みじゃない] **と** [行け / 行かなけれ・大きけれ / 大きくなけれ・元気なら / 元気じゃなけれ・休みなら / 休みじゃなけれ] **ば** [行っ**た** / 行かなかっ**た**・大きかっ**た** / 大きくなかっ**た**・元気だっ**た** / 元気じゃなかっ**た**・休みだっ**た** / 休みじゃなかった] **ら** [行く・大きい・元気・休み 圕] **なら**
	● 「週末京都へ行くんです。」 　 しゅうまつきょうと 　 「そうですか。天気がいい**と**いいですね。」 ● 雨が降れ**ば**運動会は中止だ。雨が降っ**たら**困る。 　 ふ　　　うんどうかい ちゅうし　ふ　　　こま ● 運転する**なら**、酒を飲んではいけない。 　 うんてん　　　さけ
～としたら ～とすると ～とすれば ＝～と仮定したら かてい if we assume thatl / nếu giả định là ~	[行く・大きい・元気だ・休みだ 圕] **と したら / すると / すれば**
	● 宝くじ* が当たった**としたら**、何をしたい？ 　 たから　　　あ　　　　　　　　　なに 
(たとえ)～としても… ＝ ～の場合も変わらず… ば か	[行く・大きい・元気だ・休みだ 圕] **としても**
	● **たとえ**両親が反対した**としても**、私は俳優になりたい。 　 りょうしん はんたい　　　　　　はいゆう
～てからでないと…ない ＝…する前に必ず～しなければならない まえ かなら	[行って] **からでないと**…**ない**
	● パスポートをとっ**てからでないと**海外旅行に行け**ない**。 　 かいがいりょこう
～てはじめて… ＝～前は…ではなかった まえ	[行って] **はじめて**…
	● 留学し**てはじめて**言葉の大切さがわかった。 　 りゅうがく　　　　ことば おおせつ

逆接・予想と違う
(ぎゃくせつ・よそう・ちが)
adversative conjunction / unexpected
quan hệ đối lập / khác với dự đoán

…：予想するのと違うこと
something different than expected / khác với dự đoán

～といっても… ＝～けれど…	［行く・大きい・元気だ・休みだ 晉］といっても ● ベトナム語が話せる**といっても**簡単なあいさつぐらいだ。 （かんたん）
～わりに（は）… ＝～けれども…	［行く・大きい・元気な・休みの 晉］わりに（は） ● この店の料理は高い**わりに**おいしくない。
～わけではない ＝～のではない	［行く・大きい・元気な・休みな 晉］わけではない ● 絵をかくのは好きだけど、画家になりたい**わけではない**。 （え）（がか）
だが ＝予想と違って、… （よそう・ちが）	［X］。**だが**、［（Xからの予想と違う結果）］。 （よそう・ちが・けっか） ● 娘に絵本*をプレゼントした。**だが**、娘は喜んでくれなかった。 （むすめ）（えほん）（むすめ）（よろこ）
ところが ＝予想していなかったので 驚いたことに、… （おどろ）	［X］。**ところが**、［（Xから予想していなかったので驚く内容）］。 （よそう）（おどろ・ないよう） ● 天気予報では晴れだったので、かさを持たずに出かけた。 （てんきよほう） **ところが**、午後になって、急に強い雨が降り出した。 （ふ・だ）
それが ＝予想とは全く違って、… （よそう・まった・ちが）	A「［X］。」　B「**それが**、［（Xが予想したことと全く違う結果）］。」 （よそう）（まった・ちが・けっか） ●「昨日の店、どうでした？」「**それが**、休みだったんです。」 （きのう）

伝聞
(でんぶん)
hearsay
nghe nói

～ということだ **～とのこと（だ）** ＝～そうだ	［行く・大きい・元気だ・休みだ 晉］ということだ／とのことだ ● 今朝北海道で M 4の地震があった**ということだ**。 （けさ ほっかいどう）（マグニチュード）（じしん）
～って **～んだって** **～んですって** ＝～そうだ	［行く・大きい・元気だ・休みだ 晉］って ［行く・大きい・元気な・休みな 晉］んだって／んですって ●「今度駅前にコンサートホールができる**んだって**。」 （えきまえ） 「え、ほんと！」
～によると… **～によれば…** ＝～の情報では… （じょうほう） ※「…」：情報 （じょうほう）	［人・テレビ・新聞・ニュース］によると／よれば、… ● ニュース**によると**、事故で電車が止まっているそうだ。 （じこ）（と） ● 田中さんの話**によると**、川田さんが大学をやめるらしいよ。 （たなか）（かわた）

◆少し難しい言葉（*）の翻訳は別冊にあります
（むずか・ことば）（ほんやく・べっさつ）

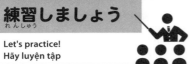

日付 ひづけ	／	／	／
得点 とくてん	／8	／8	／8

文字・語彙

文法

読解

聴解

問題 （　　）に入る最もよいものを１・２・３・４から一つえらんでください。
はい　　もっと

❶ 春といってもまだまだ（　　　　）。
はる
　　１　暑い　　　　　　２　暑くない　　　　３　寒い　　　　　　４　寒くない

❷ 遅くなったので急いでタクシーで駅へ行った。だが、新幹線の時間に（　　　　）。
おそ　　　　　　いそ　　　　　　　　えき　　　　　　　　　　しんかんせん
　　１　間に合った　　　　　　　　　　　　２　間に合う
　　　　ま　あ　　　　　　　　　　　　　　　　ま　あ
　　３　間に合わない　　　　　　　　　　　４　間に合わなかった
　　　　ま　あ　　　　　　　　　　　　　　　　ま　あ

❸ 部屋を（　　　　）、借りるかどうか決められない。
へや　　　　　　　　　か
　　１　見てからでないと　　　　　　　　２　見たから
　　３　見てからなら　　　　　　　　　　４　見てからでは

❹ 留学するとすると、（　　　　）。
りゅうがく
　　１　貯金をしている　　　　　　　　　２　貯金がなくなった
　　　　ちょきん　　　　　　　　　　　　　　ちょきん
　　３　いくらかかるだろう　　　　　　　４　父に報告するつもりだ
　　　　　　　　　　　　　　　　　　　　　　ほうこく

❺ 祖母は元気で、年齢のわりには、（　　　）見える。
そぼ　　　　　　ねんれい
　　１　若い　　　　　　２　若く　　　　　３　年をとって　　４　年をとった
　　　　わか　　　　　　　　わか

❻ Ａ「入学おめでとうございます。大学生活はどうですか。」
　　にゅうがく　　　　　　　　　　　せいかつ
　　Ｂ「それが、（　　　　）。」
　　１　とても楽しいです　　　　　　　　２　とてもいい大学です
　　３　毎日大学に行っています　　　　　４　大学には行っていないんです

❼ Ａ「いい天気だね。」
　　Ｂ「うん、でも天気予報によると、あさってごろ台風が（　　　　）よ。」
　　　　　　　　　　よほう
　　１　来たそうだ　　　　　　　　　　　２　来るということだ
　　３　来ている　　　　　　　　　　　　４　来ないじゃない

❽ Ａ「りんご、食べないの？　きらいなの？」
　　Ｂ「きらいなわけじゃないけど、（　　　　）よ。」
　　１　今は食べたくないんだ　　　　　　２　このりんごはおいしい
　　３　よくりんごを食べる　　　　　　　４　たくさん食べたいんだ

92

◆　**練習しましょう**　の正解は別冊にあります
　　れんしゅう　　　　せいかい　べっさつ

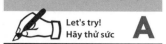

やってみましょう

Let's try!
Hãy thử sức   **A**

日付 ひづけ	／	／	／
得点 とくてん	／8	／8	／8

日本語能力試験形式問題　言語知識（文の文法１）

つぎの文の（　　　　）に入れるのに最もよいものを、１・２・３・４から一つえらびなさい。

---

1 日本に（　　　　）はじめて、家族の大切さがわかりました。

　１　来る　　　　　　２　来ない　　　　　３　来た　　　　　　４　来て
　　　く　　　　　　　　　こ　　　　　　　　　き　　　　　　　　　き

2 試験がよくできなかったので、だめだと思っていた。（　　　　）、合格の知らせ
　　　しけん　　　　　　　　　　　　　　　　　　　　　　　　　　ごうかく
が来て、驚いた。
　　　　おどろ

　１　ところで　　　　２　ところが　　　　３　そこで　　　　　４　そのため

3 課長の話（　　　　）、４月から新しい社員が３人入るそうだ。
　　　かちょう　　　　　　　　　　　　　　　しゃいん　　　はい

　１　になると　　　　２　にすれば　　　　３　によって　　　　４　によると

4 彼女はすごく怒っているから、（　　　　）、許してくれないだろう。
　　　かのじょ　　　おこ　　　　　　　　　　　　　ゆる

　１　あやまったとしても　　　　　　　　２　あやまったら
　３　あやまったとすれば　　　　　　　　４　あやまるとしたら

5 Ａ「毎日雨でいやになるね。」
　　　Ｂ「明日は（　　　　）、テレビで言ってたよ。」

　１　晴れるそうだ　　２　晴れてって　　３　晴れたっけ　　４　晴れるって
　　　は　　　　　　　　は　　　　　　　　は　　　　　　　　は

6 何事も（　　　　）上手にならない。
　　　なにごと　　　　　　じょうず

　１　練習したら　　　　　　　　　　　２　練習しなければ
　　　れんしゅう　　　　　　　　　　　　れんしゅう
　３　練習するなら　　　　　　　　　　４　練習しようと
　　　れんしゅう　　　　　　　　　　　　れんしゅう

7 メール、ありがとうございます。来週東京に来られる（　　　　）。お待ちして
　　　　　　　　　　　　　　　　　　　とうきょう　こ
います。

　１　つもりだ　　　　２　とのこと　　　　３　らしい　　　　　４　ことだ

8 頭が痛いので薬を飲んだ。（　　　　）、まだよくならない。
　　　あたま　いた　　くすり

　１　それが　　　　　２　それで　　　　　３　だが　　　　　　４　だから

93

◆ **やってみましょう** の正解は別冊にあります
　　　　　　　　　　　せいかい　べっさつ

日付 ひづけ	／	／	／
得点 とくてん	／6	／6	／6

文字・語彙

文法

読解

聴解

日本語能力試験形式問題　言語知識（文の文法2・文章の文法）

問題1 つぎの文の＿＿★＿＿に入る最もよいものを、1・2・3・4から一つえらびなさい。

1 この仕事は ＿＿＿ ＿＿＿ ＿★＿ ＿＿＿ やめる人が多い。

1　忙しい
いそが　　　　　2　安いので　　　　3　給料が
きゅうりょう　　　　4　わりには

2 このビルは、受付で ＿＿＿ ＿＿＿ ＿★＿ ＿＿＿ 入れません。
うけつけ　　　　　　　　　　　　　　　　　　　　はい

1　からでないと　　2　名前を　　　　3　中に　　　　　4　言って

3 ピアノを ＿＿＿ ＿＿＿ ＿★＿ ＿＿＿ ありません。

1　といっても　　　　　　　　　　2　半年ぐらいなので
　　　　　　　　　　　　　　　　　　はんとし
3　習った
なら　　　　　　　　　　　　　　4　上手では
　　　　　　　　　　　　　　　　　じょうず

問題2 つぎの文章を読んで、文章全体の内容を考えて、**1**から**3**の中に入る最もよい
　　　　ぶんしょう　　　　　ぶんしょうぜんたい　ないよう　　　　　　　　　　　　はい　もっと
　　　　ものを、1・2・3・4から一つえらびなさい。

> 今朝のニュースによると、最近年を取った人が運転する車が道路を逆に走ること
けさ　　　　　　　　　　　　　　と　　　　　　　　うんてん　　　　　どうろ　ぎゃく　はし
が **1** 。そのような原因で起こる事故も多いので、警察は年齢の高い人に運転
　　　　　　　　　　げんいん　お　じこ　　　　　　けいさつ　ねんれい　　　　　　うんてん
免許証を返すことをすすめている。しかし、免許証を返すことで問題が **2** 。
めんきょしょう　かえ　　　　　　　　　　　　　　めんきょしょう　かえ
運転免許証を **3** 、その日から生活が不便になってしまうだろう。まず年を取った
うんてんめんきょしょう　　　　　　　　　せいかつ　ふべん　　　　　　　　　　　　　　と
人が車を使わなくても問題なく生活ができるようにしなくてはいけないと思う。
　　　　　　　　　　　　　　せいかつ

1 1　増えるかもしれない
　　　ふ　　　　　　　　　　　　　　　　2　増えているということだ
　　　　　　　　　　　　　　　　　　　　　ふ
　　3　増えそうだ
　　　ふ　　　　　　　　　　　　　　　　4　増えるようだ
　　　　　　　　　　　　　　　　　　　　　ふ

2 1　解決するわけだ
　　　かいけつ　　　　　　　　　　　　　2　解決したはずだ
　　　　　　　　　　　　　　　　　　　　かいけつ
　　3　解決しないわけではない
　　　かいけつ　　　　　　　　　　　　　4　解決するわけではない
　　　　　　　　　　　　　　　　　　　　かいけつ

3 1　返したとすると
　　　かえ　　　　　　　　　　　　　　　2　返さないとしたら
　　　　　　　　　　　　　　　　　　　　かえ
　　3　返してほしければ
　　　かえ　　　　　　　　　　　　　　　4　返してはじめて
　　　　　　　　　　　　　　　　　　　　かえ

◆ **やってみましょう** の正解は別冊にあります
　　　　　　　　　　　せいかい　べっさつ

第9回 意見・義務・指示

Opinion / Obligation / Instruction
Ý kiến / Nghĩa vụ / Chỉ thị

💬 知っていますか？

Do you know? ◇ Bạn có biết?

意見 opinion / ý kiến

〜たらいいのに **〜ば/なら いいのに** ＝〜たい〔希望〕 　〜がいい〔アドバイス〕	［行った・大きかった・元気だった・休みだった］らいいのに ［行けば・大きければ・元気なら・休みなら］いいのに ● 毎日ゲームだけして暮らせたらいいのに。 ● この仕事、もっと楽ならいいのに。 ● もっと早く起きればいいのに。
〜たほうがいい **〜ないほうがいい** ＝〜がいい〔アドバイス〕	［行った/行かない］ほうがいい ● 雨が降りそうだから、かさを持っていったほうがいいですよ。
〜たらどう（か） ＝〜がいい〔アドバイス〕	［行った］らどう（か） ● 疲れているようだね。少し休んだらどう？
〜からには／からは ＝〜からぜひ、〜から当然 〔強い気持ち〕	［行く/行った］からには／からは ● 試合に出るからには、ぜったい勝ちたい。

義務 obligation / nghĩa vụ

〜べき ＝〜のは当然だ 　〜なくてはいけない	［行く］べき　※する：するべき／すべき ● 学生は、勉強するべきだ。
〜べきではない ＝〜てはいけない	［行く］べきではない　※する：するべきではない／すべきではない ● 人の迷惑になることをするべきではない。

第1回 / 第2回 / 第3回 / 第4回 / 第5回 / 第6回 / 第7回 / 第8回 / 第9回 / 第10回

95

Opinion / Obligation / Instruction
Ý kiến / Nghĩa vụ / Chỉ thị

～わけにはいかない ＝（何か理由があって） 　～できない	［行く］わけにはいかない ● 今日は大切な会議があるから、休む**わけにはいかない**。
～ないわけにはいかない ＝～ないのはだめだ	［行かない］わけにはいかない ● 来週大切な会議があるから、準備し**ないわけにはいかない**。
～ことはない ＝～必要はない 　～なくてもいい	［行く］ことはない ● トイレに行きたいなら、授業中でもがまんする**ことはない**ですよ。
～ほかない **～ほかしかたがない** ＝～以外に方法はない	［行く］ほかない／ほかしかたがない ● 今夜はもう電車がないから、歩いて帰る**ほかしかたがない**。

指示　instruction　chỉ thị

～てもかまわない ＝～てもいい 〔許可〕permission /cho phép	［行って・大きくて・不便で・子どもで］もかまわない ●「仕事が終わったから、もう帰っ**てもかまわない**よ。」 　「はい。」
～こと ＝～なさい／～てはいけない 〔命令・禁止〕 order / prohibition mệnh lệnh / sự ngăn cấm	［行く / 行かない］こと ● 先生「テストでは、えんぴつで書く**こと**。辞書を見ない**こと**。わかりましたか。」 　学生「はい。」
～てもらえないかな ＝～てもらいたい／～てほしい 〔依頼・願望〕 request / wish yêu cầu / nguyện vọng	［行って］もらえないかな ●「この仕事、手伝っ**てもらえないかな**。」 　「うん、いいよ。」 ● もっと給料を上げ**てもらえないかな**ぁ。
～てちょうだい ＝～てほしい 〔依頼〕request / yêu cầu	［行って］ちょうだい ● 妻「今日はまり子のお誕生日だから早く帰ってき**てちょうだい**。」 　夫「うん。わかった。」

日付 ひづけ	／	／	／
得点 とくてん	／8	／8	／8

問題 （　　）に入る最もよいものを1・2・3・4から一つえらんでください。
はい　　もっと

❶ A「すみません。名前はボールペンで書かなければなりませんか。」

　　B「（　　　　）。」

　　1　ボールペンで書いてもかまいません

　　2　えんぴつで書いてもかまいません

　　3　えんぴつで書かなくてもいいです

　　4　ボールペンで書いてもいいです

❷ 約束したからには、（　　　　）。
やくそく

　　1　守ってもいい　　　　　　　　　2　守ったことがある
　　　まも　　　　　　　　　　　　　　　　　まも

　　3　守ってほしい　　　　　　　　　4　守るかもしれない
　　　まも　　　　　　　　　　　　　　　　　まも

❸ （　　　　）、仕事だからやるほかない。

　　1　やめなくても　　　　　　　　　2　やめたかったら

　　3　やってもいいのに　　　　　　　4　やりたくないけど

❹ そんなにあわてることはないよ。（　　　　）から。

　　1　時間は十分ある　　　　　　　　2　時間があまりない
　　　　　　じゅうぶん

　　3　急いだほうがいい　　　　　　　4　急がないと間に合わない
　　　いそ　　　　　　　　　　　　　　　　いそ　　　　ま　あ

❺ 君は悪くない。悪いのは彼だから、彼が（　　　　）。
きみ　　　　　　　　　　かれ　　　　かれ

　　1　謝ったものだ　　　　　　　　　2　謝らないわけだ
　　　あやま　　　　　　　　　　　　　　　あやま

　　3　謝ることだ　　　　　　　　　　4　謝るべきだ
　　　あやま　　　　　　　　　　　　　　　あやま

❻ 自分がやりたいと言った仕事だから、大変でも（　　　　）わけにはいかない。
たいへん

　　1　やった　　　　　2　やる　　　　　3　やらなかった　　4　やらない

❼ （　　　　）。もっと体が強かったらいいのに。

　　1　毎日運動している　　　　　　　2　よく風邪をひく
　　　　うんどう　　　　　　　　　　　　　　　　かぜ

　　3　重い荷物が持てる　　　　　　　4　朝ご飯を食べない
　　　おも　にもつ　　　　　　　　　　　　　はん

❽ 先生「発表に使う資料を作ること。いいですね。」
はっぴょう　　しりょう

　　学生「はい、（　　　　）。」

　　1　作ってもいいんですね　　　　　2　作ったらどうですか

　　3　作らなければならないんですね　4　作ったことがあるんですね

第1回　第2回　第3回　第4回　第5回　第6回　第7回　第8回　第9回　第10回

やってみましょう

Let's try!
Hãy thử sức **A**

日付 ひづけ	／	／	／
得点 とくてん	／8	／8	／8

日本語能力試験形式問題　言語知識（文の文法１）

つぎの文の（　　　）に入れるのに最もよいものを、１・２・３・４から一つえらびなさい。

1　「今、レポートを書いているから、ちょっと静かに（　　　）。」

１　したらいいのに　　　　　　　　　２　してもらった

３　してもらえないかなあ　　　　　　４　してもかまわない

2　「この話、お母さんに話すと心配するから、（　　　）よ。」

１　話さなかったほうがいい　　　　　２　話さないほうがいい

３　話したほうがいい　　　　　　　　４　話すほうがいい

3　母「学校の帰りに卵を買って（　　　）。」

　　　子「10個入りのパックでいい？」

１　きてちょうだい　　　　　　　　　２　きてもいい

３　きてはどう　　　　　　　　　　　４　きたほうがいい

4　他の人の迷惑になるから、電車の中では大きい声で話をする（　　　）と思う。

１　ことだ　　　　　２　ことではない　　　３　べきだ　　　　　４　べきではない

5　上司に頼まれた仕事だから、（　　　）。

１　することはない　　　　　　　　　２　しないわけにはいかない

３　してはこまる　　　　　　　　　　４　するわけにはいかない

6　この数学の問題は難しすぎる。もう少し（　　　）。

１　難しい問題だったらいいのに　　　２　難しい問題でよかった

３　やさしい問題だったらいいのに　　４　やさしい問題でよかった

7　学校を休むときは必ず連絡する（　　　）と決まっている。

１　はず　　　　　２　こと　　　　　３　とき　　　　　４　わけ

8　A「今度サッカーの試合があるんだけど、人が足りないんだ。どうしよう。」

　　　B「山田くんを誘って（　　　）？　高校のとき、サッカー部にいたらしいよ。」

１　みたらどう　　　　　　　　　　　２　みたらいい

３　みたらよかった　　　　　　　　　４　みたらどうだった

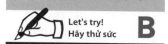

やってみましょう

Let's try!
Hãy thử sức

B

日付 ひづけ	／	／	／
得点 とくてん	／6	／6	／6

第1回
第2回
第3回
第4回
第5回
第6回
第7回
第8回
第9回
第10回

日本語能力試験形式問題　言語知識（文の文法2・文章の文法）

問題1　つぎの文の＿★＿に入る最もよいものを、1・2・3・4から一つえらびなさい。

1　行くと ＿＿＿ ＿＿＿ ＿★＿ ＿＿＿ いけない。

　　1　からには　　　2　言った　　　3　忙しくても　　　4　行かなくては

2　料理を作ってくれる ＿＿＿ ＿＿＿ ＿★＿ ＿＿＿ と、いつも思っている。

　　1　家に　　　2　あれば　　　3　ロボットが　　　4　いいのに

3　A「夏休み、どこか行かない？」
　　B「アルバイトがあるから、＿＿＿ ＿＿＿ ＿★＿ ＿＿＿ けど、休みの日
　　　なら遊びに行けるよ。」

　　1　わけには　　　2　いかない　　　3　行く　　　4　旅行に

問題2　つぎの文章を読んで、文章全体の内容を考えて、1から3の中に入る最もよい
　　　ものを、1・2・3・4から一つえらびなさい。

　　　私は人と話すのが苦手だ。家で一人でゲームをしている時間がいちばん楽しい。
そんな私が、今度の日曜日、日本人との交流会＊に参加することになってしまった。
なぜなら、「いっしょに交流会に　1　」とクラスメート＊のメイさんに言われた
からだ。メイさんも人と話すのが苦手なほうだ。
　「交流会に無理に行く　2　よ」と言ったら、入りたい大学が行うイベントだ
から、行きたいそうだ。メイさんは、私が困っているときいつでも助けてくれる
大切な友達だ。「何もしなくていい。となりにいてくれればいい」と言われたか
ら、参加することになった。　3　。私もなるべく他の人と話をしてみよう。

1　1　行ったほうがいいかなあ　　　　　2　行こうとするかなあ
　　3　行ってもかまわないかなあ　　　　4　行ってもらえないかなあ

2　1　ことがある　　　2　ことはない　　　3　わけがない　　　4　べきだ

3　1　参加するわけにはいかないが　　　2　参加するべきではないが
　　3　参加するからには　　　　　　　4　参加したらいいのに

◆ **やってみましょう** の正解・少し難しい言葉（＊）の翻訳は別冊にあります

99

第10回　時・関係
とき　かんけい

Time / Relationship
Thời gian / Các mối tương quan

知っていますか？
Do you know? ◇ Bạn có biết?

晉＝普通形→ p.70
ふ つうけい

時 time
とき　thời gian

~うちに… = ~間に (…する)	[行く・大きい・元気な・休みの] **うちに**…
	● 明るい**うちに**庭の掃除をしてしまおう。 にわ　そうじ

~最中 = ~ているとき・~のとき さいちゅう	[食べている・食事の] **最中** しょくじ　さいちゅう
	● コンサートの最中に携帯電話の音がした。 さいちゅう　けいたい　おと

~際 (に / は / には) = ~とき (に / は / には) さい	[行く / 行った・外出の] **際 (に / は / には)** がいしゅつ　さい
	● 工場を見学する際は、靴をはき替えてください。 こうじょう　けんがく　さい　くつ　か

~たとたん = ~たらすぐに、急に	[食べた] **とたん**
	● 会社を出**たとたん**、雨が降ってきたので、ぬれてしまった。 ふ

XからYにかけて = XとYの範囲で はん い in the range of X to Y trong phạm vi từ X đến Y	[(時間・場所)] **から** [(時間・場所)] **にかけて**
	● 明日9時**から**12時**にかけて**エレベーターの工事をする予定 こう じ　よ てい です。
	● ここ**から**100m先**にかけて**、道路工事が行われています。 メートルさき　どう ろ こう じ　おこな

~たびに = ~ときはいつも	[行く・休みの] **たびに**
	● 祖母はうちに来る**たびに**、おみやげを持ってきてくれる。 そ ぼ

関係 relationship
かんけい　các mối tương quan

~をきっかけに ~がきっかけで = ~が始まりで ~の機会に き かい on the occasion of ~/ nhân dịp ~	[行く / 行った＋の・旅行] **をきっかけに／がきっかけで** りょこう
	● 病気で入院したの**をきっかけに**たばこを吸うのをやめた。 す
	● ゲーム**がきっかけで**日本の歴史に興味をもった。 れき し　きょう み

~を中心に ちゅうしん = ~がもとになって ~がいちばん多い	[日本] **を中心に** ちゅうしん
	● インフルエンザ＊が子ども**を中心に**広がっている。 ちゅうしん　ひろ

~に反して はん = ~とは反対に はんたい	[希望] **に反して** き ぼう　はん
	● 優勝すると思われていた選手が、予想**に反して**1回戦で ゆうしょう　せんしゅ　よ そう　はん　かいせん 負けた。 ま

～について ＝～の問題／テーマで	［休み］について ● クラスで AI について話し合いました。
～に関して ＝～の問題／テーマで	［休み］に関して ● 今人口問題に関してレポートを書いている。
～につれて… ＝～といっしょに 　少しずつ…（変わる）	［行く］につれて… ● 寒くなるにつれて木の葉が赤くなってきた。
～にしたがって… ＝～といっしょに 　少しずつ…（変わる）	［行く・変化］にしたがって… ● 年を取るにしたがって、体力が落ちてきた。
～ついでに… ＝～ときに、いっしょに 　…も	［行く／行った・散歩の］ついでに… ● 買い物に行くついでに、クリーニング屋に寄った。
～はもちろん…も ＝～は当然…も	［休み］はもちろん…も ● ピラミッドは、エジプトはもちろん、日本でも有名だ。 ● 歌手のマイケルは、歌はもちろん、ダンスもうまいので、人気がある。
～上に ＝～だけでなく	［行く・大きい・元気な・休みの 圏］上に ● この家は広い上に、まわりの景色がいいので気に入っている。
～代わりに… ～に代わって… ＝～ではなく…	［行く・大きい・元気な・休みの 圏］代わりに… ［友達］に代わって… ● 時間がなかったので、ご飯の代わりに菓子を食べて出かけた。
～に対して ＝～に	［日本］に対して ● 目上の人に対して敬語を使わないのは失礼ですよ。
～とともに… ＝～といっしょに…	［家族］とともに… ● 3月に子どもが生まれて、今は子どもとともに、楽しく暮らしています。
～を込めて ＝～の気持ちを入れて	［心］を込めて ● 結婚式の最後に、両親に感謝の気持ちを込めて花束を贈った。

◆少し難しい言葉(*)の翻訳は別冊にあります

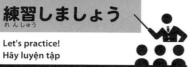

日付 ひづけ	／	／	／
得点 とくてん	／8	／8	／8

文字・語彙

文法

読解

聴解

問題 （　　）に入る最もよいものを1・2・3・4から一つえらんでください。
はい　もっと

❶ 空が暗くなってきた。雨が（　　　　）、急いで帰ろう。
くら　　　　　　　　　　　　　　　　　　　　いそ
　　1　降らない間　　　　　　　　　　　　　2　降らないうちに
　　　　ふ　　　あいだ　　　　　　　　　　　　　　　ふ
　　3　降らないときに　　　　　　　　　　　4　降った前に
　　　　ふ　　　　　　　　　　　　　　　　　　　ふ

❷ 彼とは入学式でとなりに座ったのがきっかけで、（　　　　）。
かれ　　にゅうがくしき　　　　　すわ
　　1　自己紹介をした　　　　　　　　　　　2　覚えていない
　　　　じ こ しょうかい　　　　　　　　　　　　　おぼ
　　3　初めて会った　　　　　　　　　　　　4　友達になった
　　　　はじ　　あ　　　　　　　　　　　　　　　ともだち

❸ 朝、窓を開けた（　　　　）、小鳥が部屋に入ってきた。
あさ　まど　あ　　　　　　　　　ことり　へや　はい
　　1　ついでに　　　2　とたん　　　3　場合　　　　　4　ほど
　　　　　　　　　　　　　　　　　　　　ばあい

❹ 階段から落ちた。はじめはどこも痛くなかったが、時間がたつにつれて
かいだん　お　　　　　　　　　　いた　　　　　　じかん
（　　　　）。
　　1　足が痛かった　　　　　　　　　　　　2　足が痛くなってきた
　　　　あし　いた　　　　　　　　　　　　　　　あし　いた
　　3　足が痛くなくなった　　　　　　　　　4　どこも痛くなかった
　　　　あし　いた　　　　　　　　　　　　　　　　　いた

❺ 「コンビニへ行くの？　ついでに飲み物、（　　　　）。」
　　　　　　　い　　　　　　　　　　の　もの
　「わかった。」
　　1　買いに行って　　　　　　　　　　　2　買っていって
　　　　か　　い　　　　　　　　　　　　　　　か
　　3　買いに来て　　　　　　　　　　　　4　買ってきて
　　　　か　　き　　　　　　　　　　　　　　　か

❻ この公園では3月から9月に（　　　　）、いろいろな花がさきます。
こうえん　　　　　　　　　　　　　　　　　　　　　はな
　　1　かけて　　　　2　くらべて　　　3　したがって　　4　ついて

❼ 私の国はタイですが、みなさんはタイについて（　　　　）。
わたし　くに
　　1　どんなことを知っていますか　　2　行ってみたいところはどこですか
　　　　　　　　　　し　　　　　　　　　　　　い
　　3　料理を食べたことがありますか　4　行ったことがありますか
　　　　りょうり　た　　　　　　　　　　　　　い

❽ 海を見る（　　　　）、子どものころ家族で行った旅行を思い出します。
うみ　み　　　　　　　　　　　　　　　　かぞく　い　りょこう　おも　だ
　　1　によると　　　2　なんて　　　3　とおり　　　　4　たびに

◆ **練習しましょう** の正解は別冊にあります
れんしゅう　　　　せいかい　べっさつ

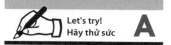

やってみましょう

Let's try!
Hãy thử sức **A**

第1回

第2回

第3回

第4回

第5回

第6回

第7回

第8回

第9回

第10回

日本語能力試験形式問題　言語知識（文の文法１）

つぎの文の（　　　）に入れるのに最もよいものを、1・2・3・4から一つえらびなさい。

[1] 家族と食事をしている（　　　　　）、仕事の電話がかかってきた。
かぞく　しょくじ

　1　間は　　　　　　　2　最中に　　　　　3　ところで　　　　4　うちに
　　　　　　　　　　　　　　さいちゅう

[2] 人口が増える（　　　　　）、町はにぎやかになってきた。
じんこう　ふ

　1　において　　　　　　　　　　　2　にしたがって
　3　によって　　　　　　　　　　　4　にくらべて

[3] お帰りの（　　　　）には忘れ物がないよう、ご注意ください。
わす　もの　　　　　ちゅうい

　1　場合　　　　　　2　きっかけ　　　3　時間　　　　　　4　際
　　ばあい　　　　　　　　　　　　　　　　　　　　　　　　　さい

[4] 森を残したいという市民の願い（　　　　　）、ゴルフ場*をつくる計画が進んで
もり　のこ　　　　　しみん　ねが　　　　　　　じょう　　　　　けいかく
いる。

　1　にはんして　　2　にたいして　　3　について　　　　4　にかけて

[5] 進学（　　　　）、何か相談したいことはありませんか。
しんがく　　　　　なに　そうだん

　1　において　　　2　にすれば　　　3　にとって　　　　4　にかんして

[6] 彼はサッカーがうまい（　　　　　）、性格が明るいので人気がある。
かれ　　　　　　　　　　　せいかく　　　　　にんき

　1　ときに　　　　2　までに　　　　3　うえに　　　　　4　たびに

[7] 雨が強くなる（　　　　）、川の水が増えてきた。
ふ

　1　として　　　　2　にとって　　　3　につれて　　　　4　にかわって

[8] 明日は関東地方（　　　　）雪が降るそうだ。
かんとうちほう　　　　　　　ふ

　1　を中心に　　　2　をもとに　　　3　によると　　　　4　といっても

103

◆ **やってみましょう** の正解・少し難しい言葉(*)の翻訳は別冊にあります
せいかい　　　むずか　ことば　　　ほんやく　べっさつ

やってみましょう

Let's try!
Hãy thử sức　**B**

日本語能力試験形式問題　言語知識（文の文法2・文章の文法）

問題1 つぎの文の＿＿★＿＿に入る最もよいものを、1・2・3・4から一つえらびなさい。
（はい　もっと）

1 本を ＿＿＿＿ ＿＿＿＿ ＿★＿ ＿＿＿＿ しまった。

　　1　眠くなって　　　2　うちに　　　　　3　読んでいる　　　4　寝て
　　　（ねむ）　　　　　　　　　　　　　　　　　　　　　　　　　（ね）

2 この店は有名で、＿＿＿＿ ＿＿＿＿ ＿★＿ ＿＿＿＿ 多い。

　　1　日本人は　　　　2　外国人の　　　　3　もちろん　　　　4　お客さんも
　　　　　　　　　　　　　　　　　　　　　　　　　　　　　　　　　（きゃく）

3 お客様に ＿＿＿＿ ＿＿＿＿ ＿★＿ ＿＿＿＿、失礼だと注意された。
　（きゃくさま）　　　　　　　　　　　　　　　　　　　　（しつれい）（ちゅうい）

　　1　友達のような　　2　して　　　　　　3　対して　　　　　4　話し方を
　　　（ともだち）　　　　　　　　　　　　　　（たい）　　　　　　（はな　かた）

問題2 つぎの文章を読んで、文章全体の内容を考えて、1から3の中に入る最もよい
（ぶんしょう）　　　　（ぶんしょうぜんたい　ないよう）　　　　　　　　（はい　もっと）
ものを、1・2・3・4から一つえらびなさい。

日本のあちこちでクマが町に現れている。なぜ、山にいるはずのクマが町に
（あらわ）
現れるのか。山の食べ物が少ないから、　1　人の畑に来るのだと言われている。
（あらわ）　　　　　　　　　　　　　　　　　　　　（はたけ）
しかし、長年* 　2　人によると、原因は、日本の人口が減ったことだという。
（ながねん）　　　　　　　（げんいん）　　　　（じんこう）（へ）
これまで自然のままの山と人の住む町の間に、人が木を切ったり植えたりした山が
（しぜん）　　　　　　　　　　　　　　　　　　　　　　　（う）
あった。クマは自然のままの山に住んでいて、人が仕事をしている山から先には
（しぜん）
行かなかった。しかし、山の近くに住む人たちが　3　山に人の手が入らなくなっ
（はい）
て、そこが自然の山のようになった。クマは自然の山と町の間がわからなくなり、
（しぜん）　　　　　　　　　　　（しぜん）
人の住む町に出てしまうことになった。そして、人に出会って驚くというわけだ。
（おどろ）

1 　1　山の食べ物とともに　　　　　　　　2　山の食べ物として
　　3　山で食べ物を探す代わりに　　　　　4　山で食べ物を探す際に
　　　　　　　　　（さが　か）　　　　　　　　　　　（さが　さい）

2 　1　クマにしたがって研究している　　　2　クマについて研究している
　　　　　　　　　　　（けんきゅう）　　　　　　　　　　　　　（けんきゅう）
　　3　クマに対して研究している　　　　　4　クマがきっかけで研究する
　　　　　（たい）（けんきゅう）　　　　　　　　　　　　　　　（けんきゅう）

3 　1　減るにつれて　　　　　　　　　　　2　減るに反して
　　　（へ）　　　　　　　　　　　　　　　　　（へ）（はん）
　　3　増えるにつれて　　　　　　　　　　4　増えるに反して
　　　（ふ）　　　　　　　　　　　　　　　　　（ふ）（はん）

◆ **やってみましょう** の正解・少し難しい言葉（*）の翻訳は別冊にあります
　　　　　　　　（せいかい）（むずか　ことば）　　（ほんやく　べっさつ）

読解
どっかい

Reading
Đọc hiểu

読解のポイント
どっかい

文字・語彙

文法

読解

聴解

わかりますか？

Are you clear ? ◇ Bạn có hiểu không?

問題 右のページを見て、つぎの❶から❸の文章に関する質問に答えましょう。
ぶんしょう　かん　　しつもん

1

私は甘いものが好きだ。だから、（よく食べる・あまり食べない）。けれ
あま
ども、チョコレートだけは（よく食べる・あまり食べない）。なぜなら、
チョコレートのにおいが（好きではない・好きだ）からだ。

問い　（　　）に入るものはどれか。
はい

2

ある日、散歩をしていると、雨が降ってきた。かさを持っていなかったの
さんぽ　　　　　　　　　　ふ
で、そのまま①歩いていた。（ところが・それに・すると）「（これ・それ・あれ）、
ある
どうぞ」と言う声が聞こえた。②見ると、女の子が自分のさしているかさを
私に差し出していた＊。「ありがとう。でも、あなたは？」と③言うと、「だい
さ
じょうぶです。家が近いので走って行きますから。」と④言った。
はし
（それから・そして・だが）、かさを私に渡すと、本当に走って⑤行ってしま
わた　　　　　　ほんとう　はし
った。女の子が貸してくれたかさは、今も私の部屋にある。
か　　　　　　　　　　　　　　へや

問1　（　　）に入るものはどれか。
はい
問2　①〜⑤は、だれがしたか。

①＿＿＿＿　　②＿＿＿＿　　③＿＿＿＿　　④＿＿＿＿　　⑤＿＿＿＿

3

友達と食事をする約束があった。（つまり・それで）約束の時間に店に
ともだち　しょくじ　　やくそく　　　　　　　　　　　　やくそく
行ったが、来ていなかった。彼はいつも時間を守るから、遅れるときは連絡
かれ　　　　　まも　　　おく　　　　　れんらく
をする（はずだ・わけだ）。（それなのに・そのために）、電話にも出ないし、
メールも来ない。何か事故にでも（あわないだろうか・あったのではない
こ
だろうか）。でも、待つ（ものだ・しかない）。待っていると、彼が来た。
じこ　　　　　　　　　　　　　　　　　　　　　　　　　　かれ
電車が事故で止まったが、ケータイを忘れて連絡できなかった（ことに
じこ　　　　　　　　　　　　　　　れんらく
した・ということだった）。

問い　（　　）に入るものはどれか。
はい

◆**わかりますか？**の正解・少し難しい言葉（＊）の翻訳は別冊にあります
せいかい　むずか　ことば　　ほんやく　べっさつ

 知っていますか？

表現 ひょうげん	意味	例文 れいぶん
X。＊＊＊、Y		
そして	X＋Y	● 京都へ行った。**そして**、金閣寺を見に行った。 きょうと　　　　　　　　きんかくじ
それに		● 今日は寒い。**それに**、雨も降っている。 　　　　　　　　　　　　　ふ
それから	X→Y	● はじめに肉を焼く。**それから**、野菜を入れる。 　　　にく　や　　　　　　　　やさい
すると		● ドアを開けた。**すると**、猫が入ってきた。 　　　あ　　　　　　　　ねこ　はい
それで	X⇒Y	● 今朝熱があった。**それで**、会社を休んだ。 けさねつ
だから	X：理由 りゆう	● 高いパソコンを買った。**だから**、今はお金がない。 たか
なぜなら	X：結果 けっか	● 飛行機は飛ばない。**なぜなら**、台風だからだ。 ひこうき　と
というのは	Y：理由 りゆう	● 花を買った。**というのは**、父の誕生日だからだ。 　　　　　　　　　　たんじょうび
そのために	X：目的 もくてき	● 来年留学する。**そのために**、今貯金をしている。 らいねんりゅうがく　　　　　　　　ちょきん
だが		● 勉強しなかった。**だが**、成績は悪くなかった。 べんきょう　　　　　　　　せいせき
けれども	X⇒Y	● 一生懸命練習した。**けれども**、試合に負けた。 いっしょうけんめいれんしゅう　　　　　　しあい　ま
それなのに	Y：予想と違う よそう　ちが	● 今朝熱があった。**それなのに**会社へ行った。 けさねつ
ところが		● 病院へ行った。**ところが**、休みだった。 びょういん
または	X／Y	● 連絡は、電話**または**メールでお願いします。 れんらく　でんわ　　　　　　　　　　ねが
それとも	どちらか	● コーヒーは今、**それとも**、食後がいいですか。 　　　　　　　　　　　　　しょくご
つまり	Y：説明 せつめい	● 面接試験、**つまり**、会って話す試験がある。 めんせつしけん　　　　　　　　　　しけん
実は じつ	Y：言いたいこと	● **実は**、ちょっとご相談したいことがあります。 じつ　　　　　　　　そうだん
X＊＊＊。		
～ではないだろうか	X だと思う	● 明日は雪が降る**のではないだろうか**。 　　　　　　ふ
～はずだ		● 月曜日は、美術館は休みの**はずだ**。 げつようび　　びじゅつかん
～ことにする	決めた	● 卒業したら帰国する**ことにした**。 そつぎょう　　きこく
～ことになる	決まった	● 来月中国へ出張する**ことになった**。 　　　　　しゅっちょう
～しかない	Xする	● バスが来ないので歩く**しかない**。 　　　こ　　　　　ある
～ということだ	Xと聞いた	● タンさんは今日は休む**ということだ**。
～わけだ	X：結果 けっか	● 寒い**わけだ**。雪が降っている。 　　　　　　　　ふ
～ものだ	当然だ とうぜん	● 助けてもらったらお礼を言う**ものだ**。 たす　　　　　　　れい
～ことだ	Xするといい	● 風邪を引いたときはよく寝る**ことだ**。 かぜ　　　　　　　　　ね

文字・語彙

文法

読解

聴解

わかりますか？

Are you clear？ ◇ Bạn có hiểu không？

問題 つぎの❶と❷の文章を読んで、質問に答えましょう。
答えは、1～4から最もよいものを一つえらんでください。

1

外国のスーパーでびっくりしたことがある。母親が買い物かごに入れた
ジュースを小さい子どもが取り出して＊飲んでしまったのだ。その後どう
なるのかと思ってその親子をずっと見ていたのだが、母親はレジで子どもが
飲んだジュースの空き缶を店員に渡した。店員はその空き缶を受け取って
レジに入力をすると、その空き缶を母親に返した。特に驚いている様子も
なかった。

日本では商品を食べたり飲んだり使ったりするのは、お金を払った後だと
決まっている。あの親子は日本に来たら、きっと驚くだろう。

問い 外国のスーパーでびっくりしたとあるが、筆者は何にびっくりしたのか。

1 母親が子どもにジュースを飲ませたこと
2 お金を払う前にジュースを飲んでもいいこと
3 店員が空き缶を母親に返したこと
4 ジュースを飲んだ子どもが日本に来たこと

**解答の
ポイント**

キーセンテンス ・「日本では…お金を払った後だと決まっている」：日本では、お金を払う前
に飲んではいけない⇒お金を払う前に飲んでもいいことに驚いた。

■ 取り出す take out / lấy ra

第1回

第2回

第3回

第4回

第5回

第6回

第7回

第8回

2 これは学校から学生に届いたメールである。

あ て 先*： information@unijls.ac.jp
件　名*： 明日のテストの確認
送信日時*： 20XX 年 12 月 1 日 14:00

学生のみなさんへ

明日は期末テストの日です。

明日の持ち物は、えんぴつと消しゴムと学生証です。ボールペンは使え
ません。スマホやイヤホン、帽子などは机の上に置くことができないの
で、必ずかばんを持ってきてください。飲み物やタオルなどを机の上に
置きたいときは、明日のテストの先生に言ってください。

病気などでテストを受けられないときは、9 時までに学校に電話をして
ください。連絡があれば、別の日にテストを受けることができます。

では、みなさんがんばってくださいね。

UNI 日本語学校

問い このメールからわかることは何か。

1　明日は、スマホとイヤホンを学校に持っていかなければならない。

2　明日のテストでは、飲み物を飲んではいけない。

3　明日のテストでは、ボールペンを使ってもいい。

4　連絡しないでテストを受けなかった場合、別の日にテストが受けられない。

解答の
ポイント　**キーセンテンス**　・「連絡があれば、別の日にテストを受けることができます。」：連絡をしない
と別の日にテストを受けることができない。

■ あて先 address / người nhận　　　　　件名 subject / tiêu đề email

送信日時＝メールを送った日と時間

◆**わかりますか？**の正解は別冊にあります

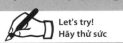
やってみましょう

Let's try!
Hãy thử sức

日付 ひづけ	／	／	／
得点 とくてん	／3	／3	／3

文字・語彙　文法　読解　聴解

日本語能力試験形式問題　読解（内容理解　短文）

　　つぎの(1)から(3)の文章を読んで、質問に答えなさい。答えは、1・2・3・4から最もよい
ものを一つえらびなさい。

(1)　これはアンナさんが大学の友達のマリアさんに送ったメールである。

> マリアさん
>
> 今日はゼミの発表の相談ができてよかったです。
> 私の家まで来てくれてありがとう。あなたが帰っ
> てから気がついたのですが、ソファの上にマリア
> さんのノートがありました。大事なノートでしょ
> う。今から郵便局へ行って送れば、明日か明後日
> に届くはずです。あまり急がなくてもいいなら、
> 来週大学で直接渡しましょう。どうするのがいい
> か、連絡をお願いします。郵便で送るほうがよけ
> れば、住所を教えてください。
>
> アンナ

1　アンナさんはこの後どうしますか。

1　マリアさんに住所を教えてもらう。
2　来週大学でノートを渡す。
3　マリアさんからの連絡を待つ。
4　郵便局へ行ってノートを送る。

内容理解一短文①

Comprehension—Short-size passages ①
Hiểu nội dung—Đoạn văn ngắn ①

第1回
第2回
第3回
第4回
第5回
第6回
第7回
第8回

(2)

　冬の果物といえば、甘くてちょっとすっぱいみかんでしょう。ですが、食べてみるとすっぱすぎておいしくないということもあります。みかんには「クエン酸」が入っているのですっぱい味がするのですが、「クエン酸」が多すぎると味が悪くなります。このようなときは、みかんの皮を少し破って、電子レンジで20秒ほど温めてみてください。「クエン酸」が減ります。みかんはビタミンが豊富で、風邪の予防にもいい果物です。たくさん食べて、冬を元気に過ごしましょう。

2 クエン酸が減るとみかんはどうなるか。

1　甘い味が強くなる
2　すっぱい味が弱くなる
3　クエン酸が甘くなる
4　ビタミンが増える

(3)

　最近、幼稚園の子どもが送り迎え＊の幼稚園のバスの中に残されて亡くなるという事故が続いて起きました。運転手が、子どもが一人も残らずに＊バスを降りたことを確かめなかったからです。確かめるのを忘れないようにするためにどうしたらいいでしょうか。ある国ではバスにブザー＊をつけているそうです。このブザーは、バスのエンジンを止めると大きな音で鳴り始めますが、この音を止めるボタンはバスのいちばん後ろにあります。園に着いて子どもたちがバスを降りてから運転手がバスのエンジンを止めると、ブザーが鳴り始めます。音を止めるために、運転手は運転席から後ろまで行かなければなりません。もし、残っている子がいれば、そのときに見つけることができます。

3 ブザーをつけたのは何のためか。

1　残っている子を見つけやすくするため
2　子どもがバスを降りやすくするため
3　残っている子を早く降りさせるため
4　運転手がバスのエンジンを止めるため

◆ **やってみましょう** の正解・少し難しい言葉（＊）の翻訳は別冊にあります

111

第**3**回 だい　かい

内容理解—短文②
ないようりかい　　たんぶん

わかりますか？

Are you clear? ◇ Bạn có hiểu không?

問題 つぎの❶と❷の文章を読んで、質問に答えましょう。
ぶんしょう
答えは、１～４から最もよいものを一つえらんでください。
もっと

1

　　先週、友達と海外旅行に行った。その友達はガイドブックを何度も読んで、
せんしゅう　ともだち　かいがいりょこう　　　　　　　　ともだち　　　　　　　　　　　　　　なんど
その国のことをよく知っていた。だが、私はガイドブックを読まなかった。
新しい気持ちでその国のことを感じたかったからだ。
きも　　　　　　　　　　　　　かん
　　旅行の最後の日、美術館に行くことにした。「美術館は空港の近くでしょ
りょこう　さいご　ひ　びじゅつかん　　　　　　　　　　びじゅつかん　くうこう
う？　夕方美術館で絵を見て、そのまま空港に行こう」と私が言うと、友達
ゆうがたびじゅつかん　え　み　　　　　　　　　　くうこう　　　　　　　　　　　　　　ともだち
が「ちょっと待って。今日は月曜日だよね。その美術館、月曜日は４時に
ま　　　　　　　　　　　　　　　　　びじゅつかん
閉まるんだって」と言った。それで、私たちは朝美術館に行った。絵は
し　　　　　　　　　　　　　　　　　　　　びじゅつかん　　　　　　　え
どれもすばらしかった。
　　やはり情報は大切だ。私は友達に感謝している。
じょうほう　たいせつ　　　　ともだち　かんしゃ

問い 「私」が友達に感謝しているのは、どうしてか。
ともだち　かんしゃ

１　ガイドブックはいつでも便利だから
べんり
２　友達からの情報のおかげで絵が見られたから
ともだち　　　じょうほう　　　　え
３　美術館で絵を見た後、そのまま空港に行けたから
びじゅつかん　え　み　あと　　　　　　くうこう
４　新しい気持ちでその国のことを感じることができたから
きも　　　　　　　　　　　　かん

🔑 解答の
ポイント **キーセンテンス** ・「やはり情報は大切だ。」：友達の情報のおかげで絵を見ることができた。
じょうほう　　　　　　ともだち　じょうほう　　　　　　え

第1回
第2回
第3回
第4回
第5回
第6回
第7回
第8回

2 リュウさんの家のポストに次(つぎ)のお知らせが入(はい)っていた。

マンションのみなさんへ

年末年始(ねんまつねんし)のごみの出し方(かた)について

　12月30日（土）から1月3日（水）まで、正月休みでごみを集める車が来ませんので、ご注意(ちゅうい)ください。

　この期間(きかん)は、マンションのごみ置(お)き場(ば)にごみを置(お)かないようにしてください。

　いつもは火曜日と金曜日が燃(も)えるごみ、水曜日が燃(も)えないごみの日ですが、代わりに1月4日（木）に燃(も)えるごみ、1月5日（金）に燃(も)えないごみを出すことができます。

　ごみを出す時間についてはいつもと変わりません。必ず集(かなら)める日の朝8時半までに出してください。しかし、前の日には出さないようにしてください。

　よろしくお願(ねが)いいたします。

マンション管理人(かんりにん)*

問い　リュウさんがしてもいいことは何(なに)か。

1　12月29日（金）の夜7時に燃(も)えるごみを出す。

2　1月3日（水）の朝7時に燃(も)えるごみを出す。

3　1月4日（木）の夜7時に燃(も)えないごみを出す。

4　1月5日（金）の朝7時に燃(も)えないごみを出す。

🔑 解答の
ポイント　**キーセンテンス**　・「1月5日（金）に燃(も)えないごみを出すことができます。」

　　　　　　　　　　・「必ず集(かなら)める日の朝8時半(あつ)までに出してください。」：朝8時半以後(いご)は出せない。

　　　　　　　　　　・「前の日には出さないようにしてください。」：前の日は出せない。

📕 管理人(かんりにん) superintendent / người quản lý, trông nom

113

◆**わかりますか？**の正解(せいかい)は別冊(べっさつ)にあります

日付 ひづけ	／	／	／
得点 とくてん	／3	／3	／3

文字・語彙

文法

読解

聴解

日本語能力試験形式問題　読解（内容理解　短文）

つぎの(1)から(3)の文章を読んで、質問に答えなさい。答えは、1・2・3・4から最もよい
ものを一つえらびなさい。

(1) これは石川さんの携帯電話に届いたメールである。

> 石川さん
> 再来週の大阪行きの新幹線のチケットを取りました。
> 並んだ席が取れました。
> 昨日のミーティングのときに渡そうと思っていたの
> ですが、忘れてしまいました。その日に駅で待ち合
> わせて、いっしょに乗ればいいとも思いましたが、
> やはり先にお渡ししたいと思います。
> 今度の土曜日の交流会に出るとおっしゃっていた
> ので、そのときお渡ししたいと思います。今度こそ
> 忘れないようにします。
> 山本

[1]　石川さんは、どうすればいいか。

1　ミーティングに出る。

2　駅で待ち合わせる。

3　交流会でチケットを受け取る。

4　交流会に行くかどうか返事をする。

(2)

　夏は熱中症で病院に運ばれる人が増えます。熱中症というのは、気温が高いとき
に体の調子が悪くなる状態です。だから、気温がいちばん高くなる7月から8月ご
ろの病気だと思っている人が多いかもしれません。しかし、実は5月中にも何千人
もの人が救急車で病院に運ばれています。この季節に熱中症になるのは、体がまだ
暑さに慣れていないからです。急に気温が上がるころは注意が必要です。いちばん
暑くなる前から暑さに慣れていれば、熱中症は予防できるでしょう。

　2　熱中症にならないようにするには、どんなことが大切か。

　　１　いちばん暑い季節の暑さに慣れること
　　２　いちばん暑くなる季節の前に病院に行くこと
　　３　7月から8月ごろの暑さに気をつけること
　　４　いちばん暑くなる前から暑さに慣れること

(3)

　新しい高等専門学校ができた。中学校を卒業した生徒が、IT 技術を学ぶ学校で
ある。この学校は、IT 技術を使って新しいものをつくる人、新しいものをつくって
社会を変えることができる人を育てたいと考えている。そのため、専門の技術を学ぶ
時間のほかに、自由に考えたり行動したりする時間がある。この時間は、先生はいな
い。小学校、中学校で先生が一方的に*教える授業を受けてきた生徒たちは、この
自由な時間をどう使えばいいかを考えさせられることになる。

　3　この自由な時間をどう使えばいいかを考えさせられることになるのは、なぜか。

　　１　授業時間にすることを自分で考えたことがないから
　　２　社会を変えることを考えたことがなかったから
　　３　IT 技術で何をつくったらいいかわからないから
　　４　学校が何をさせたいのかわからないから

◆ やってみましょう の正解・少し難しい言葉(*)の翻訳は別冊にあります

文字・語彙　文法　読解　聴解

わかりますか？

Are you clear?　◇　Bạn có hiểu không?

問題　つぎの❶と❷の文章を読んで、質問に答えましょう。
答えは、1〜4から最もよいものを一つえらんでください。

1

　渡り鳥は旅をする鳥です。例えばツバメ*は、日本が冬の間は暖かい南の国で過ごして、春になると日本に戻ってきます。日本と南の国との間はとても長い旅になります。ツバメは太陽が出ている間に目的地へ向かって飛びます。確かに太陽の位置で東西南北の方角はわかるでしょう。しかし、方角がわかっても、目的地の場所や目的地までのコースはどうやってわかるのでしょうか。

問い　この文章の内容と合っている文はどれか。

1　ツバメは方角がわかるのでコースがわかる。
2　ツバメは太陽の位置で東西南北がわかる。
3　ツバメは太陽の位置で目的地の場所がわかる。
4　ツバメは太陽が出ている間に目的地に着く。

解答の ポイント　**キーセンテンス**　・「確かに太陽の位置で東西南北の方角はわかるでしょう。」

📖 ツバメ swallow / chim én

2 これは図書館の入り口に貼ってあるお知らせである。

図書館の座席を利用する方法

　この図書館では座ってゆっくり本を読んだり、調べたりしていただける場所があります。そこを利用するには、図書館の入り口にある座席の受付用機械「すわるくん」で申し込んでください。

　また、座席は図書館のホームページで予約することもできます。利用したい日の3日前から予約できます。予約すると予約番号がメールで届きます。図書館に来たら、その予約番号を「すわるくん」に入れて手続きをしてください。予約の時間から15分過ぎても手続きがない場合は、予約が取り消されます。予約が取り消されてしまった場合は、「すわるくん」で受付の手続きをやり直してください。

問い　お知らせを読んでわかることはどれか。

1　予約しないで図書館に来た人は、座席が使えない。

2　利用したい日の3日前に電話をすれば予約できる。

3　予約をしても、図書館で手続きしなければ利用できない。

4　予約の時間に15分以上遅れたら、その日は利用できない。

解答の
ポイント　キーセンテンス　・「座席は…予約することもできます。」：予約しなくても座席は利用できる。

・「予約すると予約番号がメールで届きます。図書館に来たら、その予約番号を「すわるくん」に入れて手続きをしてください。」：予約した人も図書館で手続きをする。

◆わかりますか？の正解は別冊にあります

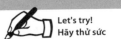
日本語能力試験形式問題　読解（内容理解　短文）

つぎの(1)から(3)の文章を読んで、質問に答えなさい。答えは、1・2・3・4から最もよいものを一つえらびなさい。

(1) これは HA 工業からシンさんに届いたメールである。

ヒューマン商店

シン様

いつもお世話になっております。
商品のご注文をいただき、ありがとうございました。
いただいた商品の注文番号が古いものでしたので、新しい商品の注文番号表をお送りします。こちらをご覧になって、新しい注文番号でご注文をいただけますよう、お願いいたします。

来月に発売＊される新商品のパンフレットもいっしょにお送りしますので、ぜひご覧ください。

（株）HA 工業

1　このメールを読んで、シンさんがしなければならないことは何か。

1　注文した商品をキャンセルする。
2　新しい注文番号表を送ってほしいと頼む。
3　同じ商品をもう一度注文する。
4　新商品のパンフレットを送ってもらう。

第1回
第2回
第3回
第4回
第5回
第6回
第7回
第8回

(2)

　私は今、ウサギ*を飼っている。ウサギが生きられるのは7～10年だそうだから、いっしょにいられる時間が短いのが残念だ。だが、イモリ*という動物を飼い始めた人によると、イモリは40年ぐらい生きられるそうだ。これを聞いて私は、長い間いっしょにいられていいなと思った。

　しかし、よく考えてみると、40年間世話をするというのは、簡単ではない。大きな責任がある。ペットは飼う人を幸せにしてくれるが、飼う人は、その動物のことをよく調べて、最後までちゃんと世話ができるかを考えなければならないと思う。

2　ペットを飼うことについて、「私」はどう考えているか。

　1　かわいいので、ウサギを飼ったほうがいい。

　2　長い間生きるので、イモリを飼ったほうがいい。

　3　ペットを飼うなら、長い間世話ができるかどうかよく考える必要がある。

　4　短い間しか生きられない動物は、飼わないほうがいい。

(3)

　生物はどこから生まれたのだろう。宇宙がどのようにしてできたかを研究している宇宙物理学者*には、この問題に関心を持つ*人が多い。私もその一人だ。ものの始まりを研究していると、宇宙以外のことでもそこが知りたくなる。

　生物のことは生物学者*に聞けばわかるだろうと思って、何人かの生物学者に聞いてみるが、それを研究している人は生物学者には思ったほど多くない。生物学者は、今目の前にいる生物がどのように生きているかを知りたいと思っているからだろう。

3　「私」は、宇宙物理学者と生物学者では、何が違うと言っているか。

　1　研究者の人数

　2　研究している場所

　3　わかること

　4　知りたいこと

◆ やってみましょう の正解・少し難しい言葉（*）の翻訳は別冊にあります

第**5**回
だい かい

内容理解——中文①
ないようりかい

Comprehension—Mid-size passages ①
Hiểu nội dung—Đoạn văn vừa ①

文字・語彙

文法

読解

聴解

わかりますか？

Are you clear ? ◇ **Bạn có hiểu không?**

問題 つぎの文章を読んで、質問に答えましょう。
ぶんしょう
答えは、１～４から最もよいものを一つ選んでください。
もっと　　　　　　　　　　えら

先日受け取った結婚式の招待状＊にこんなことが書いてあった。
せんじつう　と　　　けっこんしき　しょうたいじょう

『①ご祝儀は、お手間をかけない方法として銀行振り込み＊またはアプリ＊も
しゅうぎ　　　てま　　　　　ほうほう　　　　ぎんこうふ　こ

用意しております。もちろん、当日に受付で渡していただいてもかまいません。
ようい　　　　　　　　　　　　とうじつ　うけつけ　わた

よろしくお願いいたします。』
ねが

結婚のお祝いは、お祝いのときに使う特別な袋に新しいお札を入れて渡す
けっこん　いわ　　　いわ　　　　　　　つか　とくべつ　ふくろ　あたら　さつ　い　　わた

のが日本の習慣である。ちょっと手間がかかるが、結婚する人の幸せを願い
にほん　しゅうかん　　　　　　　　　　てま　　　　　　けっこん　ひと　しあわ　ねが

ながら準備するのも大切なことだと思う。それを銀行振り込みやアプリで払う
じゅんび　　　　たいせつ　　　　おも　　　　　　ぎんこうふ　こ　　　　　　はら

なんて、まるで結婚式の入場料＊を払うみたいだ。②そんなやり方でお祝い
けっこんしき　にゅうじょうりょう　はら　　　　　　　　　かた　　いわ

の気持ちが伝えられるだろうか。
きも　　つた

しかし、私は今回アプリで払うことにしようと思う。一度やってみたらこれ
わたし　こんかい　　　はら

までの習慣より便利でいいと思うかもしれないし、相手がそうしてほしいと
しゅうかん　べんり　　　おも　　　　　　　　あいて

いうのなら、その気持ちを大切にしたい。
きも　　たいせつ

第1回

第2回

第3回

第4回

第5回

第6回

第7回

第8回

問1　①ご祝儀とは、この場合何か。

　　１　結婚する人にあげるお金

　　２　結婚する人が準備するお金

　　３　結婚式の入場料

　　４　結婚をお祝いする気持ち

問2　②そんなやり方とはどういうことか。

　　１　袋に新しいお札を入れて結婚する人に渡すこと

　　２　結婚する人の幸せを願いながら準備すること

　　３　お祝いのお金を銀行振り込みやアプリで払うこと

　　４　結婚式の受付で お金を渡すこと

問3　招待状を読んで、「私」はどう思ったか。

　　１　結婚式にお金を払う習慣はよくないが、払うしかない。

　　２　結婚式の日にお金を払う習慣はよくないから、アプリで払うほうがいい。

　　３　アプリで払う方法ではお祝いの気持ちが伝わらないから、考え直してほしい。

　　４　アプリで払うのは賛成ではないが、相手の希望ならそうしよう。

解答の ポイント　**キーセンテンス**　・「相手がそうしてほしいというのなら、その気持ちを大切にしたい。」

📖　招待状 invitation / giấy/thiệp mời　　　＊〜状 letter of 〜 / thiệp/giấy 〜

　　銀行振り込み bank transfer / chuyển khoản ngân hàng

　　アプリ application software / ứng dụng

　　入場料 admission/entrance fee / phí vào cửa

◆わかりますか？の正解は別冊にあります

やってみましょう

Let's try!
Hãy thử sức

日付	／	／	／
得点	／6	／6	／6

文字・語彙

文法

読解

聴解

日本語能力試験形式問題　読解（内容理解　中文）

つぎの(1)と(2)の文章を読んで、質問に答えなさい。答えは、１・２・３・４から最もよいものを一つえらびなさい。

(1)

　日本の夏は蒸し暑くて、一日中エアコンや扇風機を使っていないと過ごせないほどです。でも、このような便利なものがなかった時代は「打ち水」をする習慣がありました。暑い日に家の周りの地面に水をまきます*。そうすると水が地面の熱を取っていくので、涼しくなるというわけです。2012年に行われた調査では、打ち水をしたら気温が26℃から24.5℃に、地面の温度は39℃から32℃に下がったということです。簡単な方法ですが、効果があることがわかります。しかし、昼間のいちばん暑いときにたくさんの水をまくと、その水が一度に蒸発します*。すると、空気が湿るので、逆に蒸し暑くなってしまいます。やり方を間違えると効果がないので注意が必要です。打ち水は玄関や庭などの地面だけではなく、ベランダ*や窓の近くの壁でも効果があります。暑い日に試してみてはいかがでしょうか。

1 簡単な方法とあるが、何をするのか。

１　エアコンや扇風機をつける。　　　２　家の周りに水をまく。

３　地面の熱を取っていく。　　　　　４　打ち水について調査をする。

2 打ち水はいつすると効果があるか。

１　朝と昼　　　　２　昼と夜　　　　３　朝と夜　　　　４　いつでもいい

3 この文章を読んでわかることはどれか。

１　打ち水の習慣がなくなったのは残念だ。

２　打ち水の効果はあまりなかった。

３　暑いときには水をたくさんまくのがいい。

４　打ち水は簡単で、気温を下げる効果がある。

(2)

　子どものとき、食事中に母からよく言われた。「野菜を食べないと大きくなれない
よ。」「野菜をたくさん食べる子にはクリスマスにサンタさんがプレゼントを持ってきて
くれるよ。」　でも①私は言った。「野菜を食べなくても背が伸びたよ。野菜をたく
さん食べたのにサンタさんはプレゼントを持ってこなかったよ。」

　それから何年かたって父が病気になったとき、医者の先生に「お父さんの病気を
治すのはとても難しい」と言われた。しかし、私は父に言った。「だいじょうぶ。治
療をすれば必ず治るって先生がおっしゃったよ。」　父は私の言葉を信じたのだろう。
つらい*手術もがんばって病気を治した。そのとき②わかったことがある。うそはよく
ないと思ってきたけれど、悪くないうそもあるということだ。それが、③良い結果
になると思って言ったうそならば悪くないはずだ。

（注）サンタさん：サンタクロース。クリスマスに子どもにプレゼントをくれるというおじいさん。

| 1 | ①私は言ったとあるが、どうしてか。

　１　母が言ったとおりだったから
　２　母がうそを言ったから
　３　母の言いたいことがわからなかったから
　４　母が私のことを理解していないから

| 2 | ②わかったことはどんなことか。

　１　うそを言ってはいけないこと
　２　私がうそを言ったから父が元気になったこと
　３　うそを言うと良い結果になること
　４　悪くないうそもあるということ

| 3 | この文章にある③良い結果とは、どんなことか。

　１　背が伸びたこと
　２　プレゼントをもらったこと
　３　父の病気が治ったこと
　４　野菜をたくさん食べたこと

◆ **やってみましょう** の正解・少し難しい言葉(*)の翻訳は別冊にあります

文字・語彙

文法

読解

聴解

わかりますか？

Are you clear? ◇ Bạn có hiểu không?

問題　つぎの文章を読んで、質問に答えましょう。
　　　　　　ぶんしょう
　　　　答えは、1〜4から最もよいものを一つ選んでください。
　　　　　　　　　　　　もっと　　　　　　　　えら

　インターネットで買い物をすると、次の日には家に届くのが当たり前に
　　　　　　　　　　　　　　　　　　　　　つぎ　　　　　とど　　　あ　　　まえ
なっているが、これからは、①それが難しくなるかもしれない。ルールが変
　　　　　　　　　　　　　　　　　　　　むずか　　　　　　　　　　　　　　　か
わって、荷物を運ぶ運転手の働く時間が短くなるからだ。
　　　　にもつ　はこ　うんてんしゅ　はたら　じかん　みじか

　インターネットで買い物をする人が増えてから、運転手の働く時間が長く
　　　　　　　　　　　　　　　　　　ふ　　　　　　うんてんしゅ　はたら
なったことがずっと問題になってきた。そこで、働く時間を減らすルールが
作られた。その結果、1人が運ぶ荷物の量が減ってしまって②荷物が今まで
つく　　　　　けっか　　　　　はこ　にもつ　りょう　へ　　　　　　　にもつ
と同じようには届かなくなることが新しい問題になっている。
　おな　　　　　とど

　この問題を解決するために、インターネットで商品を売る会社ではいろ
　　　　　かいけつ　　　　　　　　　　　　　　しょうひん　う
いろな方法を考えているが、配達を利用する私たちにもできることがある。
　　　ほうほう　　　　　　　はいたつ　りよう
例えば、家にいる日と時間を知らせておくことも一つの方法だろう。そう
たと　　　　　　　　　　　　　　　　　　　　　　　　　ほうほう
すれば1回で荷物が届けられ、運転手の仕事を増やさなくてすむ。私たち
　　　　　にもつ　とど　　　　うんてんしゅ　　　　ふ
みんなで考えれば、問題を解決する方法はほかにもあるはずだ。
　　　　　　　　　　　かいけつ　ほうほう

第
1
回

第
2
回

第
3
回

第
4
回

第
5
回

第
6
回

第
7
回

第
8
回

問1　①それとあるが、何か。

　　｜　インターネットで買い物をすること

　　2　荷物を家に届けてもらうこと

　　3　商品が次の日に届くこと

　　4　インターネットを使うこと

問2　②荷物が今までと同じようには届かなくなるのは、どうしてか。

　　｜　｜人が運ぶ荷物の量が少なくなるから

　　2　運転手が働きすぎるから

　　3　インターネットで買い物をする人が増えるから

　　4　｜人でした仕事を2人でしなければならなくなるから

問3　この文章を書いた人がいちばん言いたいことは、どんなことか。

　　｜　インターネットで買い物をしないほうがいいということ

　　2　運転手が働きすぎることはよくないということ

　　3　会社だけでなく、私たちにもできることがあるということ

　　4　荷物が届くときに家にいなければならないということ

解答の
ポイント　キーセンテンス　問1　それ：前の文に書いてあるように、「次の日には家に届く」こと。

　　　　　　　　　　　　問2　「1人が運ぶ荷物の量が減ってしまって」

　　　　　　　　　　　　問3　「私たちみんなで考えれば、問題を解決する方法はほかにもあるはず
　　　　　　　　　　　　　　　だ。」：みんなで考えたほうがいい。

◆わかりますか？の正解は別冊にあります

125

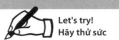
文字・語彙　文法　読解　聴解

日本語能力試験形式問題　読解（内容理解　中文）

　つぎの(1)と(2)の文章を読んで、質問に答えなさい。答えは、1・2・3・4から最もよいものを一つえらびなさい。

(1)

　入社式*のシーズンがやってきた。私がテレビのニュースで見た新入社員たちはみんなうれしそうだった。今年は多くの会社がたくさんの若者を必要としていて、会社で働きたい人は行きたい会社に入りやすかったそうだ。①きっと多くの若者が行きたい会社に入れたのだろう。

　でも、私が就職を希望していた年は②そうではなかった。必要な新入社員の数がとても少なくて、希望の会社に入るのが難しかった。周りの友達も「20社受けたけど、ダメだった」と疲れた顔で言っていた。学校を卒業する少し前に、なんとかある会社に入ることが決まったが、それは、私が希望する仕事ができる会社ではなかった。

　「能力がないから、したい仕事ができない」というのはわかる。しかし、学校を卒業するときの国の経済の状態によって、したい仕事ができたりできなかったりするのはいいと思えない。したい仕事ができれば、よい働きができるだろう。若者の力で会社の成績も上がるだろう。どんな年も入社式で多くの笑顔が見られるようになるといいと思う。

第1回

第2回

第3回

第4回

第5回

第6回

第7回

第8回

1 ①きっと多くの若者が行きたい会社に入れたのだろうと「私」が思ったのは、
どうしてか。

1　会社で働きたい若者が少なかったから

2　会社で働きたい若者が多かったから

3　新しい社員を入れたい会社が多かったから

4　新しい社員を入れたい会社が多くなかったから

2 ②そうではなかったとはどういうことか。

1　行きたい会社に入れない若者が多かった

2　会社が必要としている若者の数が多かった

3　会社に入りたい若者が多かった

4　会社に入りたい若者が少なかった

3 「私」の考えにいちばん近いのはどれか。

1　経済がよければ、好きな会社に入れる。

2　能力があれば、好きな会社に入れる。

3　したい仕事ができなくても会社に入れるほうがいい。

4　したい仕事ができる会社に入れるほうがいい。

◆ **やってみましょう** の正解・少し難しい言葉(*)の翻訳は別冊にあります

(2)

　私は音楽が好きで、クラシックのコンサートによく行く。コンサートでは、プログラムの曲が全部終わってからも客は帰らずにそのまま拍手を続ける。拍手が大きくて、もっと演奏を聞きたいという客の気持ちがわかると、演奏者が出てきて、もう一度演奏をする。これをアンコールという。しかし、最近は、その拍手が小さくても演奏者が出てきてまた演奏を始めることが多い。

　もともと*アンコールは、①客の希望を受けて行われるものだった。最後の曲が終わっても、もっと聞きたければ、客は大きな拍手をして演奏を待った。大きな拍手がなければ、コンサートはそれで終わりとなった。しかし今は、②拍手の大きさに関係なく、アンコールのために用意しておいた曲が予定通りに演奏される。これは③ちょっとおかしいと思う。私は、演奏が素晴らしかったのでもっと聞きたいと思ったときだけ大きな拍手をすることにしている。

第1回

第2回

第3回

第4回

第5回

第6回

第7回

第8回

1　①客の希望を受けて行われるとあるが、どういうことか。

　１　もう一度聞きたいという客の希望が多くても少なくても行われる。

　２　客がもっと聞きたいと思っていることがわかったときに演奏される。

　３　客がもう一度聞きたい曲を聞いてから行われる。

　４　もう一度演奏したい曲があるときだけ行われる。

2　②拍手の大きさに関係なくとあるが、どういうことか。

　１　コンサートを続けるか続けないかに関係なく

　２　客の人数が多くても少なくても

　３　客のみんなが拍手をしたかどうかに関係なく

　４　もっと聞きたいという希望が大きくても小さくても

3　③ちょっとおかしいとあるが、「私」がいちばんおかしいと思っていることは

　　どんなことか。

　１　アンコールの曲が用意されていること

　２　客の希望とは関係なくアンコールが行われること

　３　客が大きな拍手をしてアンコールを待つこと

　４　演奏が全部終わってからも拍手が続くこと

◆ **やってみましょう** の正解・少し難しい言葉(*)の翻訳は別冊にあります

第7回
だい かい
内容理解—長文
ないようりかい ちょうぶん

Comprehension—Long passages
Hiểu nội dung—Đoạn văn dài

わかりますか？

Are you clear? ◇ Bạn có hiểu không?

問題 つぎの文章を読んで、質問に答えましょう。
ぶんしょう
答えは、1～4から最もよいものを一つえらんでください。
もっと

　私が高校を卒業して入った会社には日本人だけでなく外国人の社員もいた。
そつぎょう　　はい　　　　　　　　　　　　　　　　　　　しゃいん
入社してすぐのある日、同じ課の人たちから初めてランチに誘われた。その日
にゅうしゃ　　　　　　　か　　　　　　はじ　　　　　さそ
は午前中の仕事がまだ終わっていなかったので、私はどうしようかと思った。
せっかく誘ってもらったのだから*断るのは悪いかな、でも残っている仕事を
さそ　　　　　　　ことわ　　　　　　　　　　　　のこ
片付けたいし……。すぐに返事をすることができずに①下を向いている私を
かたづ　　　　　　　　　へんじ　　　　　　　　　　　　　む
見て、外国人の女性が言った。「あなたのことだから、あなたが決めればいい。」
じょせい
とてもはっきりした言い方だった。私は②ちょっとびっくりした。なぜなら、
かた
人を誘うときは、「ねえ、いっしょに行きましょうよ」と温かく言ってくれる
さそ　　　　　　　　　　　　　　　　　　　　　あたた
のが普通だと思っていたからだ。でも、顔を上げて彼女の笑顔を見たとき、
ふつう　　　　　　　　　　　　　　　かのじょ　えがお
その言葉は決して*③冷たいものではないとわかった。
ことば　けっ　　　つめ
　そうだ。彼女が言ったように、自分のことは自分で決めればいいのだ。これ
かのじょ
は当たり前のことだ。周りの人とよい関係をもつためには、人に合わせること
あ　まえ　　　　まわ　　　　かんけい
が大切だと私は思っていた。でも、ただ合わせればいいのではないということ
がわかった。コミュニケーションでは、おたがいの理解が大切だが、まず自分
りかい
の気持ちや考えをきちんと伝えなければならない。これは社会人*になって
きも　　　　　　　　つた　　　　　　　　　　　　しゃかいじん
から私が④勉強したことの一つだ。

問1　①下を向いているとあるが、なぜか。
　　　　む

|　誘いを断ろうと思ったから
　　さそ　ことわ

2　仕事を片付けようと思ったから
　　　　　かたづ

3　いっしょに行きたくなかったから

4　どうしようか迷っていたから
　　　　　　　まよ

第1回
第2回
第3回
第4回
第5回
第6回
第7回
第8回

問2　②ちょっとびっくりしたとあるが、なぜか。

　1　やさしい言葉で誘われなかったから

　2　初めてランチに誘われたから

　3　外国人が言ったから

　4　親切な気持ちだとわかったから

問3　③冷たいものではないとわかったとあるが、なぜか。

　1　はっきりした言い方だったから

　2　笑顔を見たから

　3　親切な人だと思ったから

　4　言い方が冷たくなかったから

問4　④勉強したことの一つ　とあるが、どんなことを勉強したと言っているか。

　1　誘われたら迷わないで決めること

　2　相手をよく理解すること

　3　コミュニケーションを大切にすること

　4　自分の気持ちや考えをきちんと伝えること

解答のポイント

キーセンテンス　問1　「すぐに返事をすることができずに」：すぐに決められなくて
　　　　　問2　「なぜなら…『ねえ、いっしょに行きましょうよ』と温かく言って
　　　　　　　くれるのが普通だと思っていたからだ。」
　　　　　問3　「彼女の笑顔を見たとき…わかった」
　　　　　問4　「これは…勉強したことの一つだ。」
　　　　　　　これ：前の文「まず自分の気持ちや考えをきちんと伝えなければ
　　　　　　　ならない。」

■「せっかく誘ってもらったのだから」＝親切に誘ってもらったのだから
　決して（〜ない）by no means / không bao giờ/không chút nào 〜
　社会人＝社会に出て働いている人↔学生

◆わかりますか？の正解は別冊にあります

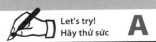
文字・語彙　文法　**読解**　聴解

日本語能力試験形式問題　読解（内容理解　長文）

つぎの文章を読んで、質問に答えなさい。答えは、1・2・3・4から最もよいものを一つえらびなさい。

　私たちがよく使っている割り箸＊は便利なものだが、一度使ったら捨ててしまうので、日本では大量＊の割り箸が作られている。けれども、その一方で＊、割り箸を使うべきではないという声も広がっている。「割り箸を作るために木を切ると森や林の木がどんどん減って、自然を壊してしまう」というのが①その理由だ。自然を守るために、繰り返して使えるプラスチック製の箸を使うべきだという人もいる。

　しかし、実際は、割り箸を作るために木を切るということはない。割り箸は建物や家具を作るのに使われた木の、もう利用できない部分で作られるからだ。また、木はCO_2を吸収しながら成長するので、燃やしたときにCO_2を出しても地球全体のCO_2の量には影響しないと考えられている。だから、②割り箸を使ったせいで自然が壊れるということはないはずだ。一方＊、プラスチックは作られるときに大量のCO_2を出して、捨てた後も自然に戻るには数百年かかる。プラスチック製の箸より割り箸のほうが自然にやさしいのではないだろうか。

　どうやって環境を守るかは、これからますます重要になるだろう。この割り箸の問題のように、③一つの情報だけで判断するべきではない。さまざまな点から調べて、考えて、実行していく必要がある。

内容理解―長文

Comprehension—Long-size passages
Hiểu nội dung—Đoạn văn dài

第1回
第2回
第3回
第4回
第5回
第6回
第7回
第8回

1 ①その理由とあるが、何の理由か。

I 割り箸を使うべきではない理由

2 日本で大量の割り箸が作られている理由

3 自然を壊してしまう理由

4 自然を守らなければならない理由

2 ②割り箸を使ったせいで自然が壊れるということはないはずだとあるが、割り箸が自然を壊さないと言えるのはなぜか。

I 割り箸は他の目的で使った後に残った木で作るし、燃やしても CO_2 は出ないから

2 割り箸を作るために切る木は少ないし、燃やして出る CO_2 は自然に影響のない量だから

3 割り箸を作るために木を切ることはないし、燃やして出る CO_2 は木が吸収するから

4 割り箸はもう利用できない木で作るし、CO_2 はプラスチックよりも少ないから

3 ③一つの情報とあるが、割り箸の問題の場合はどの情報のことか。

I 割り箸は、捨てた後に自然に戻るまで時間がかかる

2 割り箸を作るために木を切ると自然が壊れる

3 割り箸を使うと地球全体の CO_2 の量が増える

4 割り箸のほうがプラスチックの箸より自然にやさしい

4 この文章を書いた人は、割り箸を使うことについてどう考えているか。

I 割り箸は便利なのでどんどん使うべきだ。

2 割り箸を使っても、問題はない。

3 割り箸を使ってもいいが、CO_2 を出すので燃やさないほうがいい。

4 割り箸のほうがプラスチック製の箸よりかんたんに使える。

◆ やってみましょう の正解・少し難しい言葉(*)の翻訳は別冊にあります

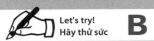

やってみましょう

Let's try!
Hãy thử sức **B**

日付 ひづけ	／	／	／
得点 とくてん	／4	／4	／4

文字・語彙　文法　読解　聴解

日本語能力試験形式問題　読解（内容理解　長文）

つぎの文章を読んで、質問に答えなさい。答えは、1・2・3・4から最もよいものを一つえらびなさい。

　世界中でロボットが働く時代になりました。ロボットにはいろいろな種類があります。

　例えば、工場で働くロボット、病院で患者を助けるロボット、体が動かない人やお年寄りを助けるロボットなどが働いています。また、サービスロボットは、会社や店などで客の相手をします。

　このように、私達の周りでいろいろなロボットが働いていますが、最近増えているのがコミュニケーションロボットです。ロボットをペットとしていっしょに暮らしている人もいます。動物のペットはいつか死んでしまいますが、ロボットならずっといっしょにいることができます。それでロボットのペットは人気があるのでしょう。

　「犬や猫と違ってロボットは世話をしなくてもいいから楽だろう」と考える人もいるかもしれません。でも、それはちょっと違うようで、ちゃんと世話をするかどうかで動き方が変わるのだそうです。また、「食べ物がいらないから、ペットを飼うよりお金がかからない」と思う人もいるでしょう。でも、ロボットは、買った後も、調子が悪ければ「病院」に入れる必要がありますからお金がかかります。それでも、犬や猫の世話が難しいお年寄りや一人でさびしく暮らしている人などには、大切なコミュニケーションの相手になるのではないでしょうか。

　他のロボットと同じように、コミュニケーションロボットが働くと人の仕事が減ってしまうというマイナスの面もあります。しかし、これからコミュニケーションロボットはペットとしてだけではなく、いろいろなところで使われるようになるでしょう。コミュニケーションロボットは私たちの生活を豊かなものに変えてくれそうです。

134

第
1
回

第
2
回

第
3
回

第
4
回

第
5
回

第
6
回

第
7
回

第
8
回

1 この病院とは、どんなところか。

1 人の病気やけがをなおすところ

2 壊れたロボットを修理するところ

3 動物の病気やけがをなおすところ

4 新しいロボットを買うところ

2 この文章の中のコミュニケーションロボットの働きとして合っているのは
どれか。

1 動物のペットの代わりをする

2 病院で患者を助ける

3 店で客の相手をする

4 工場で物を作る仕事をする

3 コミュニケーションロボットのいい点は何か。

1 ずっといっしょにいられること

2 世話をしてもしなくても変わらないこと

3 生きているペットを飼うよりお金がかからないこと

4 人が働く場所が増えること

4 この文章を書いた人は、コミュニケーションロボットについてどう考えて
いるか。

1 世話するのが大変だが、人の役に立つ。

2 世話をしなくてもいいから楽だ。

3 マイナス面もあるから、とてもいいとは言えない。

4 マイナス面もあるが、多くの人が利用するようになるだろう。

文字・語彙 文法 読解 聴解

わかりますか？
Are you clear? ◇ Bạn có hiểu không?

問題 町の案内ポスターを読んで、❶と❷の質問に答えましょう。
あんない
答えは、1～4から最もよいものを一つえらんでください。
もっと

1 大学生のサムさんは、これから大学の友達と二人で泳ぎに行く。今中山駅の
ともだち　　　　　およ　　　　　なかやま
ポスターを見ている。何も準備をしてきていないが、道具も食材*も用意さ
じゅんび　　　　　　　　　どうぐ　しょくざい
れているのを知って、キャンプをしたいと思った。友達もキャンプをしたい
ともだち
と言っている。二人がキャンプをするのにいくら必要か。
ひつよう

| 1 | 7,500 円 | 2 | 9,500 円 | 3 | 10,000 円 | 4 | 12,000 円 |

中山市 観光NAVI
なかやまし　かんこう
自然と遊ぼう！
しぜん　あそ

キャンプの準備はおまかせください!!
じゅんび
みなさまに気軽にキャンプを楽しんでいただけるように
きがる　　　　　　たの
道具や食材を準備しています。
どうぐ　しょくざい　じゅんび

● **キャンプサイト*使用料***
しようりょう

| 大人：1人 1,000 円　**3 歳～12 歳**：1人 500 円　**3 歳以下**：無料 |
| おとな　　　　　　　　さい　　　さい　　　　　　　　　　さい　　　　　むりょう |

● **キャンプセット**（テント、いす、テーブル、ランプ*など）

| **2人用**：3,000 円　　**4人用**：5,000 円 |

● **バーベキュー*セット**（バーベキュー道具、肉、野菜、など）
どうぐ

| **バーベキュー道具一式***：2,000 円　　**食材**：1人 2,500 円 |
| どうぐいっしき　　　　　　　　　しょくざい |

解答の ポイント

料金 ┌ キャンプサイト使用料　大人2人　　1,000 円×2＝2,000 円 ┐
　　　　しようりょう　　おとな
　　　キャンプセット　2人用　　　　3,000 円
　　　バーベキューセット　道具一式　2,000 円
　　　　　　　　　　　　　どうぐいっしき
　　└ 食材　2人　　　　　　　　　　2,500 円×2＝5,000 円 ┘
　　　しょくざい

■ 食材＝料理の材料になる食べ物
しょくざい　りょうり　ざいりょう
キャンプサイト＝キャンプ場のテントをはってキャンプをする場所
じょう　　　　　　　　　　　　　　　ばしょ

使用料 usage fee / phí sử dụng　　　　　ランプ lamp / đèn
しようりょう
バーベキュー barbecue / BBQ, tiệc nướng　　一式＝必要なものを集めたセット
いっしき　ひつよう　　あつ

第1回
第2回
第3回
第4回
第5回
第6回
第7回
第8回

2 木村さんは、9月に中山市へ出張するが、出張の間に休日があるので、中山市に住んでいる友達と秋の景色を楽しみに、一日どこかへ行きたいと思っている。中山駅から1時間以内で行けるところがいい。希望に合うのはどこか。

| 1　AとB | 2　CとD | 3　AとC | 4　BとD |

中山市
観光NAVI

自然と遊ぼう！

A. 大川の桜

春、川の両側4kmが桜でいっぱいになります！大川橋から桜のトンネルが見られます。大川の桜は毎年3月の終わりから4月中ごろまで楽しめます。

● アクセス：中山駅からバスで10分
　　　　　　大川橋下車

B. メタセコイアの通り

高島高原＊へ続く道の両側に約500本のメタセコイアの木が植えられています。春、夏、秋、冬、それぞれの季節にすばらしい景色が楽しめます。メタセコイアの木の下で、ピクニックも楽しめます。

● アクセス：中山駅からバスで40分→高島駅下車
　→ケーブルカー＊20分→高島高原ピクニックセンター下車→徒歩＊10分

C. 中山の棚田

中山の山の下に階段のように作られた田、棚田が広がっています。6月に田植え＊が終わると田は水でいっぱいになって、空の白い雲がうつります。夏は緑、秋は黄色のじゅうたんを敷いたように見えます。日本のなつかしい景色がここにあります。

● アクセス：中山駅からバスで30分
　　　　　　山下町下車　徒歩20分

D. サニービーチ

緑の林が続く、きれいなビーチ＊です。水泳、キャンプをお楽しみください。日本の美しいビーチ100に選ばれていて、季節によって変わる湖の景色が1年中楽しめます。

● アクセス：中山駅から電車15分
　　　　　　浜町下車　徒歩10分

＊キャンプをする場合は、キャンプサイト使用料がかかります。

**解答の
ポイント**

秋の景色を楽しむ：A×　B○　C○　D○
中山駅から1時間以内：A○　B×　C○　D○

　高原 highlands / cao nguyên
　徒歩＝乗り物に乗らないで歩くこと
　ビーチ beach / bãi biển ＝浜辺

　ケーブルカー cable car, gondola / xe cáp treo
　田植え rice planting / cấy lúa

◆わかりますか？の正解は別冊にあります

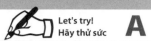

日付 ひづけ	／	／	／
得点 とくてん	／2	／2	／2

文字・語彙

文法

読解

聴解

日本語能力試験形式問題　読解（情報検索）

　右のページは、大学の掲示板に貼ってあったスピーチコンテスト*のお知らせである。これを
けいじばん　は
読んで、下の質問に答えなさい。答えは、1・2・3・4から最もよいものを一つえらびなさい。
もっと

1　チャンさんは東山大学の3年生で日本文学を学んでいる。チャンさんは、アジア
　ひがしやま　　　　　　　　　　　まな
　にあるインドネシア出身の留学生だが、小学校1年生から3年生まで日本の
　しゅっしん　りゅうがくせい
　小学校で勉強した。チャンさんが申し込めるコンテストはどれか。
　もうこ

　　1　AとB
　　2　BとC
　　3　CとD
　　4　AとD

2　トムさんは、南大学の2年生で、イギリスから来た留学生である。3月21日から
　みなみ　　　　　　　　　　　　りゅうがくせい
　4月10日まで国に帰る予定だが、トムさんが参加できるコンテストはどれか。
　よてい　　　　　　さんか

　　1　AとB
　　2　BとC
　　3　CとD
　　4　AとD

A

第3回
日本語スピーチコンテスト

日時：20XX 年 3 月 22 日
会場：東山大学

- 東山大学によるスピーチコンテストです。
- 他の大学の人は参加できません。
- 大学 1 年生から大学 4 年生まで参加できます。
- 日本の小・中・高校で 5 年以上勉強したことがある留学生は参加できません。

B

第 50 回 日本外国語大学

スピーチコンテスト

日時：20XX 年 3 月 17 日
会場：日本外国語大学

- 日本外国語大学で2000年から続いているスピーチコンテストです。
- 他の大学の人も参加できます。
- 大学 1 年生から大学 4 年生まで参加できます。
- ヨーロッパから来た留学生のためのコンテストです。

C

第 5 回 日本語スピーチコンテスト

日時：20XX 年 3 月 15 日
会場：東京ホテル

- スポーツドリンク* の会社によるスピーチコンテストです。
- 参加者は、スポーツドリンクが 10 本もらえます。
- 1 位から 3 位までの人には、賞金も出ます。
- 大学 1 年生と 2 年生が参加できます。

D

第 10 回
日本語スピーチ大会

日時：20XX 年 3 月 12 日
会場：西川大学

- 西川大学が 2 年に 1 回開いているスピーチ大会です。
- 他の大学の人も参加できます。
- 大学 1 年生から大学 3 年生まで参加できます。
- アジアから来た留学生のためのスピーチ大会です。

第1回
第2回
第3回
第4回
第5回
第6回
第7回
第8回

◆ **やってみましょう** の正解・少し難しい言葉(*)の翻訳は別冊にあります

やってみましょう

Let's try!
Hãy thử sức　**B**

日本語能力試験形式問題　読解（情報検索）

　右のページはレストランの食事券＊とパンフレットである。これを読んで、下の質問に答えなさい。答えは、1・2・3・4から最もよいものを一つえらびなさい。

1　ユンさんは食事券をもらったので、友達といっしょに行くことにした。二人の都合が合うのはあさって水曜日の昼間しかない。友達は和食が好きではない。二人が行ける店はどれか。

　　1　D

　　2　AとD

　　3　BとD

　　4　CとD

2　タパさんは今日食事券とこのパンフレットを受け取った。今日は10月12日である。平日は仕事があるので、週末、展覧会でサインをもらってから、夜、食事券で食事をすることにした。混んでいるかもしれないので、レストランを予約しようと考えている。いちばん早く行けるのはいつか。

　　1　13日

　　2　14日

　　3　15日

　　4　22日

HA ホテル  **お食事券**
しょく じ けん

ごゆっくりお食事を
しょく じ
お楽しみください！

| お食事券をお使いいただけるレストラン |
| しょく じ けん |

A. 日本料理 えいちえい

美しい庭を見ながら、
うつく にわ
和食をお召し上がりください。
わ しょく め

営業時間　18：30〜22：00
えいぎょう
定休日*　火曜日
てい きゅう び

前日までにご予約ください。
ぜんじつ　　　　よやく
土日はお食事券をご利用いただけません。
ど にち しょく じ けん りょう
お食事券1枚でお二人分のお食事をご用意いた
しょく じ けん まい しょく じ
します。

B. フランス料理 PARIS

フランス人のシェフ* による
最高級のお料理をどうぞ。
さいこうきゅう

営業時間　18：00〜22：00
えいぎょう
定休日　木曜日
てい きゅう び

3日前までにご予約ください。
お食事券1枚でお二人分のお食事をご用意い
しょく じ けん まい しょく じ
たします。

C. イタリア料理 トマト

ピザやパスタなどおいしいイタリアン
をご用意してお待ちしております。

営業時間　11：00〜15：00
えいぎょう　　　18：30〜22：00

定休日　水曜日
てい きゅう び

ご希望の時間までにご予約ください。
き ぼう
土曜日はご予約を受け付けて* おりません。
ど よう び よやく う つ
お食事券1枚でお二人分のお食事をご用意
しょく じ けん まい しょく じ
いたします。

D. ラウンジローズ

おいしいケーキですてきなティータイム
をお過ごしください。
す
サンドイッチなどの軽食*、アルコール
けいしょく
もございます。

営業時間　10：00〜23：30
えいぎょう
定休日　なし
てい きゅう び

ご予約はできません。
お食事券はレジで1万円分のチケットとしてお使い
しょく じ けん
いただけます。おつりはお出しできません。

| お電話（10時〜18時）またはインターネット（24時間）でご予約ください。 |
| よやく |

今月の
イベント **山下すみれ展**
やました てん
えんぴつで描いた絵を発表し続けている山下すみれの展覧会です。
えが え はっぴょう つづ やました てんらんかい

期　　間　10月13日（金）〜10月22日（日）
き かん　　　11時〜18時（入場は17時半まで　最終日* は16時まで）
にゅうじょう　　　　　　　　さいしゅう び

場　　所　1階　イベントスペース
かい

入 場 料　1,200円（お食事券をお持ちの方は半額）
にゅうじょうりょう　　　　　しょく じ けん　　も　　かた　はんがく

サイン会*　13日（金）　14日（土）　15日（日）　22日（日）
　　　　　　14：00〜16：00

画家 山下すみれ
が か やました

◆ **やってみましょう** の正解・少し難しい言葉（*）の翻訳は別冊にあります
せいかい むずか ことば ほんやく べっさつ

聴解
ちょうかい

Listening
Nghe hiểu

文字・語彙

文法

読解

聴解

わかりますか？ 文末の声の調子
ぶんまつ　こえ　ちょうし

Voice tone at the end of a sentence
Ngữ điệu ở cuối câu

上げる ↗ 下げる ↘

Are you clear? ◇ Bạn có hiểu không?

1 **音の変化** 音の変化に注意して例文を聞きましょう。
おと へんか　おと へんか ちゅうい　れいぶん

🔊 02

	～てしまう⇒**ちゃう**　～てしまった⇒**～ちゃった**　～てしまって⇒**～ちゃって** ～でしまう⇒**じゃう**　～でしまった⇒**～じゃった**　～でしまって⇒**～じゃって**		
（失敗） しっぱい failure thất bại	あ、こぼし**ちゃった**！ 	A：どうしたの？ B：社長の名前をまちがえ**ちゃって**、しかられたんだ。 早く！ 授業に遅れ**ちゃう**よ。 じゅぎょう おく 	
（完了） かんりょう completion hoàn thành	この本、おもしろかった。 全部読ん**じゃった**。 ぜんぶ	A：食事に行きませんか。 しょくじ B：この仕事、やっ**ちゃいます** から、ちょっと待ってください。	A：買い物に行って、 それから掃除だね。 そうじ B：買い物に行く前に 掃除し**ちゃおう**よ。 そうじ

～なければならない⇒**～なくちゃ/なきゃ**	～ないといけない ～なければならない ⇒**～ないと。**
あ、もう9時だ。　┌ 行か**なくちゃ**。 　　　　　　　　└ 行か**なきゃ**。 あ、雨が降ってきた。 ふ 窓を　┌ 閉め**なくちゃ**。 まど　　し 　　　└ 閉め**なきゃ**。 　　　　し 	もっと勉強し**ないと**。 

～てはだめ（だ）/いけない⇒**～ちゃだめ（だ）/いけない** ～ではだめ（だ）/いけない⇒**～じゃだめ（だ）/いけない**	
あ、そこ、さわっ**ちゃだめ**。 	これはお酒だから、子どもは飲ん**じゃだめだ**。 さけ そこで遊ん**じゃいけない**。 あそ 
そんなことを言っ**ちゃいけない**。	

🔊 03

| ～ている⇒～てる | ～ていた⇒～てた | ～ていて⇒～てて |
| ～でいる⇒～でる | ～でいた⇒～でた | ～でいて⇒～でて |

A：何し**てる**んですか。
B：ケーキ、作っ**てる**んです。

A：田中さんは？
B：さっき、あそこでお茶を飲ん**でた**よ。

A：ちょっと待っ**てて**。トイレに行ってくるから。
B：うん。

A：部屋を出るとき、電気、消してね。
B：うん。わかっ**てる**。

| ～ておく⇒～とく | ～ておいた⇒～といた | ～ておいて⇒～といて |
| ～でおく⇒～どく | ～でおいた⇒～どいた | ～でおいて⇒～どいて |

A：お弁当、買っ**といた**よ。
B：ありがとう。

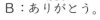

A：レストラン、予約し**といた**ほうがいいね。
B：私が予約し**とく**よ。

A：会議の前に、資料、読ん**どいて**ください。
B：はい、わかりました。

| ～ておこう⇒～とこう |
| ～でおこう⇒～どこう |

A：明日の朝早いから、タクシー、
頼ん**どこう**。
B：そうだね。

| ～ておきます⇒～ときます |
| ～でおきます⇒～どきます |

A：週末、みんなで花火大会*に行きませんか。
B：いいですね。みんなに連絡し**ときます**。

| ～という⇒～って |

A：もしもし、今どこにいるの？
B：「モナミ」**って**カフェの前。

COFFEE
モナミ

A：「さくら、さく」**って**小説、
知ってる？
B：うん、知ってる。

◆少し難しい言葉(*)の翻訳は別冊にあります

第1回
第2回
第3回
第4回
第5回
第6回
第7回
第8回
第9回
第10回

2 文の終わり（　　　）に聞こえたことばを書いてください。 04

～ませんか⇒～ない↗	
A：ご飯、食べに行か**ない**？ B：うん、①（　　　　　　　　）。	A：疲れたね。 　　少し休ま**ない**？ B：うん、 　　③（　　　　　　）。 
A：もう帰ら**ない**？ B：うん、②（　　　　　　　　）。	

～［名詞・な形容詞］ではありませんか⇒～じゃない↗	
～［動詞・形容詞］～のではありませんか⇒んじゃない↗	
A：あの人、田中さん**じゃない**？ B：うん、④（　　　　　　　　）ね。	A：これを飲めば元気になる**んじゃない**？ B：うん、⑥（　　　　　　　　）。 　　⑦（　　　　　　　　）。
A：このデザイン*、いい**んじゃない**？ B：うん、⑤（　　　　　　　　）。	

～でしたか⇒～っけ
A：明日の朝、出発は、9時だ**っけ**。 B：うん、⑧（　　　　　　　　）。 

～と言った・と聞いた⇒～って	
～そうです⇒～って／んだって	
A：田中さんが欠席します**って**。 B：そうですか。⑨（　　　　　　）。	A：今年の夏は暑くなる**って**。 B：そう。じゃ、⑩（　　　　　　　　）。
	A：午後は雨が降る**んだって**／午後は雨**だって**。 B：じゃあ、⑪（　　　　　　　　）。 

3 **この言い方に注意** [　　] から合うものをえらんでください。 🔊 05

Be wary of this expression!　Chú ý cách nói này!

やっぱり・やはり＝前と同じ

Ａ：僕はアイスクリーム。

Ｂ：この店のケーキ、おいしくて有名なのよ。

Ａ：ケーキか。それもいいね。う〜ん、
　　どうしようかな。僕は**やっぱり**
　　①[アイスクリーム・ケーキ]にしよう。

じゃ、それで＝それでいいです／そうします

客　　：今日のランチ*は何ですか。
　　　　焼き肉かな。

店員：いいえ、焼き魚です。

客　　：**じゃ、それで。**

店員：はい。③[焼き肉・焼き魚]ですね。

だったら＝それなら／じゃあ

Ａ：私、アルバイトをさがしているんです。

Ｂ：**だったら**⑥[私の店で働きませんか・
　　私もアルバイトをさがしています]。

たしかに＝本当だ／間違いない

Ａ：何か変なにおいがしませんか。

Ｂ：**たしかに**⑧[しません・します]ね。

ちょっと……　＝あまりよくない

Ａ：この服、どう？

Ｂ：う〜ん、**ちょっと**……。

Ａ：じゃあ、②[これにする・ほかのにする]。

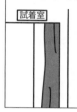
試着室
CATMAN

それが、＝でも、ところが、

Ａ：昨日、映画、見に行った？

Ｂ：**それが、**④[行った・休みだった]。

Ａ：そうか。⑤[よかった・残念だった]ね。

だって＝なぜなら／なぜかというと

Ａ：遅い！　30分遅刻！

Ｂ：**だって**⑦[ごめんなさい・
　　バスが来なかったんだもの]。

それはそうだ／そりゃそうだ＝当然だ

Ａ：あの人、私を見て、すごくおこってた。

Ｂ：**それはそうだ**よ。⑨[君が失礼なことを
　　言ったからだよ・君は悪くないよ]。

◆**わかりますか？**の正解・少し難しい言葉（*）の翻訳は別冊にあります

第2回 課題理解①

Task-based comprehension ①
Hiểu yêu cầu của đề bài ①

 聞き取れますか？ 06

Can you comprehend? ◇ Bạn có nghe được không?

問題 質問と話を聞いて、（　　）に聞こえたことばを書いてください。
それから、１～４の中から最もよいものを一つえらんでください。

 ① 07

Ⅰ 山下駅
やました

2 市役所前駅
しやくしょ

3 前川駅
まえかわ

4 みどり公園駅
こうえん

電車の中でアナウンス＊を聞いています。空港へ行く人はどの駅でこの電車を
くうこう
降りますか。
お

M：この電車は急行みどり公園行きです。次は山下、山下。山下の次は
きゅうこう　　　こうえん ゆ　　　つぎ やました やました やました つぎ
市役所前です。さくら山方面においでの方は次の山下で乗り換えです。
しやくしょ　　　　　　　やまほうめん　　　　　かた つぎ やました の か
（　　　　　　　　　　　　　　　　　　　　　　　　　　　　　　　　　　）。
また、大田海岸方面の方は前川でお乗り換えください。
おお た かいがんほうめん かた まえかわ の か

空港へ行く人はどの駅でこの電車を降りますか。
くうこう お

 解答の
ポイント ・「空港へは市役所前から地下鉄をご利用ください」：空港へ行く人は市役所前で
くうこう しやくしょ ち か てつ りよう くうこう しやくしょ
降りる。
お

第1回
第2回
第3回
第4回
第5回
第6回
第7回
第8回
第9回
第10回

2 🔊 08

1　山本さんに電話をする。
　やまもと

2　田中さんに資料を渡す。
　たなか　　しりょう　わた

3　会議室を予約する。
　かいぎしつ　よやく

4　木村さんに会議の場所を確認する。
　きむら　　かいぎ　ばしょ　かくにん

会社で女の人と男の人が話しています。男の人はこの後何をしますか。
　　　　　　　　　　　　　　　　　　　　　　　　　　　　あとなに

F：鈴木さん、明日の会議にタカハシ電気の山本さんがいらっしゃる予定
　すずき　　あした　かいぎ　　　　　　　　　やまもと　　　　　　　　　　よてい
　ですが、変更はありませんか。
　　　　へんこう

M（鈴木）：はい、①（　　　　　　　　　　　　　　　　　　）。
　すずき
　お返事はまだなんですが……。
　へんじ

F：そうですか。②（　　　　　　　　　　　　　　　　　）、電話して
　確認をしてください。
　かくにん

M：はい。

F：あ、そうだ。田中さんにも出席してもらうことになったんです。
　　　　　　たなか　　しゅっせき
　③（　　　　　　　　　　　　　　　　　　　　　　　　）。

M：はい、わかりました。すぐに準備します。
　　　　　　　　　　　じゅんび

F：よろしくお願いします。えっと……あとは、会議室の予約ですね。
　　　　　ねが　　　　　　　　　　　　　　かいぎしつ　よやく
　私が予約しときましょう。
　よやく

M：あ、ありがとうございます。

男の人はこの後何をしますか。
　　　　　あとなに

解答の
ポイント

・「5時になっても連絡がなかったら、電話して確認してください。」：まだ電話
　　　　　　　　れんらく　　　　　　　　でんわ　かくにん
　するかどうかわからない。電話をする場合は、5時以後にする。
　　　　　　　　　　　　　　　　　ばあい　　　いご

・「午前中に資料を田中さんに渡してもらえますか。」「はい、わかりました。
　ごぜんちゅう しりょう たなか　　わた
　すぐに準備します。」：この後すぐ田中さんに資料を渡す。
　　じゅんび　　　　　　あと　　たなか　　しりょう わた

・「あとは、会議室の予約ですね。私が予約しときましょう。」：会議の場所の
　　　　かいぎしつ よやく　　　　よやく　　　　　　　　　　かいぎ
　予約は女の人がする。
　よやく

◆**聞き取れますか？**の正解・少し難しい言葉（*）の翻訳は別冊にあります
　き　と　　　　　　せいかい　すこ むずか ことば　　ほんやく べっさつ

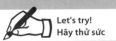

やってみましょう

Let's try!
Hãy thử sức

 09

日付 ひづけ	／	／	／
得点 とくてん	／3	／3	／3

日本語能力試験形式問題　聴解（課題理解）

　この問題では、まず質問を聞いてください。それから話を聞いて、問題用紙の１から４の中から、最もよいものを一つえらんでください。

1ばん 🔊 10

１　２番→１番→３番
２　３番→１番→２番
３　１番→２番→３番
４　３番→２番→１番

2ばん 🔊 11

１　参加料を払う。
２　ホームページ＊に入力する＊。
３　冷蔵庫の大きさを測る。
４　冷蔵庫が売れるかどうか確認する。

3ばん 🔊 12

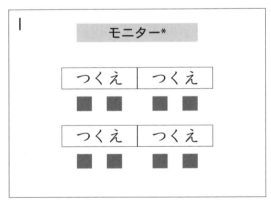
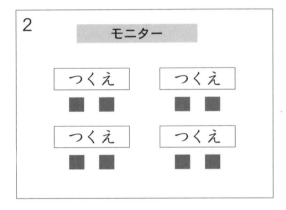
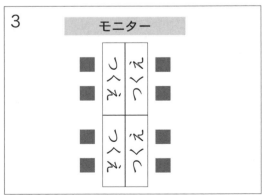
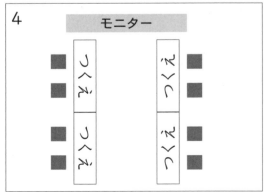

150

◆ **やってみましょう** の正解・スクリプト・少し難しい言葉（＊）の翻訳は別冊にあります

第3回

課題理解②

聞き取れますか？ 13

Can you comprehend？ ◇ Bạn có nghe được không？

問題 質問と話を聞いて、（　　）に聞こえたことばを書いてください。
それから、1～4の中から最もよいものを一つえらんでください。

1 🔊 14
1 病院に行く
2 病院の予約をする
3 病院の薬を飲む
4 病院に電話する

会社で男の人と女の人が話しています。女の人はこの後まず何をしますか。

M：中山さん、どうしたの？　歩き方が変だよ。

F：昨日デパートで転んじゃったんです。

M：え、だいじょうぶ？

F：うーん、少し待てばよくなると思ったんですけど、だんだん痛くなってきました。

M：①（　　　　　　　　　　　　　　　　　　　　　　）。骨が折れてたら大変だよ。②（　　　　　　　　　　　　　　　）。今から駅前のラビット病院、あそこへ行きなさい。

F：あの病院、予約しないと待たされるって聞いたんですけど。

M：そうだね。今日は受付の時間、終わってるかもしれないけど、電話してみなさい。

F：はい。③（　　　　　　　　　　　　　　　　　　　）。

M：④（　　　　　　　　　　　　　　　　　　　　　　）。⤴

F：わかりました。ありがとうございます。そうします。

女の人はこの後まず何をしますか。

**解答の
ポイント**

・「薬だけでももらいたいです。」：女の人は病院へ行こうと思っている。

・「電話して、今から診てもらえるかどうか聞いて。」：病院へ行く前に電話する。

◆**聞き取れますか？**の正解は別冊にあります

Task-based comprehension ②
Hiểu yêu cầu của đề bài ②

 15

1　荷物をロッカーに入れる
  （に もつ）

2　水を買う

3　着替える
  （き が）

4　靴をはき替える＊
  （くつ）　（か）

男の人と女の人がジムの受付で話しています。男の人はこの後まず何をしますか。
　　　　　　　　　　　　　　（うけつけ）　　　　　　　　　　　　（あと）　（なに）

F（受付の人）：今日が初めてのご利用ですね。靴ははき替えていただきましたか。
　（うけつけ ひと）　　　（はじ）　　　　（りよう）　　　　（くつ）　（か）

M：はい。　①（　　　　　　　　　　　　　　　　　　　　　　　　）。

F：ありがとうございます。では、こちらへどうぞ。

M：あのう、中で水を買えますか。

F：②（　　　　　　　　　　　　　　　　　　　　　　　　　　　　）が、

　　まず③（　　　　　　　　　　　　　　　　　　　）。

M：そうですか。どこで着替えるんですか。
　　　　　　　　　　　　（き が）

F：あそこに更衣室＊がありますので、そこで着替えてください。着替えたら、
　　　　　　（こう い しつ）　　　　　　　　　　　（き が）　　　　　（き が）
　　④（　　　　　　　　　　　　　　　　　　　　　　　　　　　　　）。

M：わかりました。

男の人はこの後まず何をしますか。
　　　　　（あと）　（なに）

**解答の
ポイント**

・「入り口ではき替えました。」：靴はもうはき替えた。
　（い ぐち）　（か）　　　　（くつ）　　　（か）

・「まず着替えをお願いします。」：水を買う前に、着替えをする。
　　　（き が）　（ねが）　　　　　　　（き が）

・「あそこに更衣室がありますので、そこで着替えてください。」：更衣室へ行く。
　　　　　（こう い しつ）　　　　　　　　　（き が）　　　　　（こう い しつ）

・「荷物はロッカーに入れてください。」：更衣室へ行って、ロッカーに荷物を入れる。
　（に もつ）　　　　　　　　　　　　（こう い しつ）　　　　　　　　（に もつ）

◆聞き取れますか？の正解・少し難しい言葉（＊）の翻訳は別冊にあります
　（き と）　　　　　（せいかい）（むずか）（こと ば）　　（ほんやく）（べっさつ）

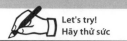

やってみましょう

Let's try!
Hãy thử sức

🔊 16

日本語能力試験形式問題　聴解（課題理解）

　この問題では、まず質問を聞いてください。それから話を聞いて、問題用紙の1から4の中から、最もよいものを一つえらんでください。
もっと

1 ばん 🔊 17

1　9時5分

2　9時15分

3　9時30分

4　9時45分

2 ばん 🔊 18

1　資料を直す
　しりょう　なお

2　商品の見本*を送る
　しょうひん　みほん

3　昼食の店を予約する
　ちゅうしょく　みせ　よやく

4　昼食の店の予約をキャンセルする
　ちゅうしょく　みせ　よやく

3 ばん 🔊 19

◆ **やってみましょう** の正解・スクリプト・少し難しい言葉(*)の翻訳は別冊にあります
せいかい　　　　　　　　　　　　むずか　ことば　ほんやく　べっさつ

聞き取れますか？ 🔊 20
と

Can you comprehend? ◇ Bạn có nghe được không?

問題 まず質問を聞いて、そのあとせんたくしを読んでください。それから話を
聞いて、（　）にことばを書いてください。最後に１〜４の中から最もよい
ものを一つえらんでください。
もっと

1 🔊 21

兄と妹が話しています。どうしてエアコンが消せませんか。
け

１　リモコン＊が壊れたから
こわ

２　リモコンの電池の入れ方を間違えているから
てんち い かた まちが

３　リモコンの電池が切れているから
てんち き

４　リモコンが違っているから
ちが

F(妹)：お兄さん、ちょっとお願い。エアコン、消したいんだけど、リモコンの
ねが け
ボタンを押しても止まらないよ。
お

M(兄)：え、リモコン？　壊れちゃったのかなあ。電池は？　入れ替えてみた？
こわ てんち か

F：うん、①（　　　　　　　　　　　　　　　　　　　）。

M：あれ？　②（　　　　　　　　　　　　　　　　　）？

F：え？

M：ちょっと見せて。③（　　　　　　　　）。④（　　　　　　　　）。

F：えー、じゃあ、この部屋の、どこに行っちゃったんだろう。
へや

どうしてエアコンが消せませんか。
け

解答の
ポイント
・「新しいの入れたんだけど、だめなの。」：リモコンの電池は切れていない。
でんち き
・「この部屋のじゃないんじゃない？」：この部屋のリモコンではない。
へや へや
⚠ Aじゃないんじゃない？＝Aではないと思う

154

2 🔊 22

男の人が電話で病院の人と話しています。男の人はいつ病院へ行きますか。

| 1 今日　　午前
| 2 今日　　午後
| 3 明日　　午前
| 4 明日　　午後

F（病院の人）：はい、さくら病院です。

M：すみません。ちょっとのどが痛いんですけど、今から行ってもいいですか。

F：はい。午前の受付は 11 時半までです。午後は 3 時から 6 時までです。

M：午前は 11 時半までですか。①（　　　　　　　　　　　　　　）。

　　②（　　　　　　　　　　　　　　）。明日はどうですか。

F：③（　　　　　　　　　　　　　　　　　　　　　　　　　　）。

M：日曜日は休みですよね。

F：はい、④（　　　　　　　　　　　　　　　　　　　　　）。

M：わかりました。⑤（　　　　　　　　　　　　　　）。

男の人はいつ病院へ行きますか。

**解答の
ポイント**
・「あと 10 分か。」：午前の受付はあと 10 分で終わる。

・「午後はだめだし。」：今日の午後は行けない。

・「じゃあ、急がなくちゃ。」：今から急いで病院へ行く。

◆**聞き取れますか？**の正解・少し難しい言葉（*）の翻訳は別冊にあります

やってみましょう

Let's try!
Hãy thử sức

🔊 23

日本語能力試験形式問題　聴解（ポイント理解）

　この問題では、まず質問を聞いてください。そのあと、問題用紙を見てください。読む時間があります。それから話を聞いて、問題用紙の1から4の中から、最もよいものを一つえらんでください。

1 ばん 🔊 24

|　今日は平日だから
　　　へいじつ

2　今日は平日じゃないから
　　　へいじつ

3　注文した金額が多いから
　　ちゅうもん　きんがく

4　注文した金額が少ないから
　　ちゅうもん　きんがく

2 ばん 🔊 25

|　美術館のチケット
　びじゅつかん

2　美術館と博物館のチケット
　びじゅつかん　はくぶつかん

3　美術館のチケットとイヤホン
　びじゅつかん

4　博物館のチケットとイヤホン
　はくぶつかん

3 ばん 🔊 26

|　公園の近く
　こうえん

2　駅の地下*
　えき　ちか

3　駅の中
　えき

4　市役所の中
　しやくしょ

◆ **やってみましょう** の正解・スクリプト・少し難しい言葉（*）の翻訳は別冊にあります
　　　　　　　　　　せいかい　　　　　　　　むずか　ことば　　ほんやく　べっさつ

ポイント理解②
りかい

Comprehension of key points ②
Hiểu yêu cầu chính ②

聞き取れますか？ 27
き と

Can you comprehend? ◇ Bạn có nghe được không?

問題 まず質問を聞いて、そのあとせんたくしを読んでください。それから話を
聞いて、（　　）にことばを書いてください。最後に１～４の中から最もよい
もっと
ものを一つえらんでください。

1 28

> 男の人と女の人が話しています。女の人は何のために運動していますか。
> なん　　　　うんどう

Ⅰ　体力をつけるため
　　たいりょく

２　ダイエットをするため

３　夜よく眠るため
　　　　　　ねむ

４　食べすぎないようにするため

> M：今日もジムに行くの？　運動、がんばってるね。
> 　　　　　　　　　　　　うんどう
> F：うん。運動すると気分がよくなるんだ。
> 　　　　うんどう　　きぶん
> M：たしかに運動するとストレスが減るよね。①（　　　　　　　　　　　　　　）。
> 　　　　　　うんどう　　　　　　　　へ
> F：最近ストレスのせいで食べすぎちゃったから。
> M：ああ、②（　　　　　　　　　　　　　　　　　　　　　　）。
> F：③（　　　　　　　　　　　　　　　　　　　　　　　　　　　　）。
> M：へえ、そうなんだ。
> F：うん。おかげでストレスもなくなって、毎日気分がいいんだ。
> 　　　　　　　　　　　　　　　　　　　　きぶん
>
> 女の人は何のために運動していますか。
> おんな　　なん　　　　うんどう

🔑 解答の
ポイント
・「そうじゃなくて、運動すると夜よく眠れるんだよ」：ダイエットをするためで
　　　　　　　　　　うんどう　　　　　ねむ
はない。よく眠るためだ。
　　　　ねむ

◆聞き取れますか？の正解は別冊にあります
　き と　　　　　　せいかい　　べっさつ

先生と学生が話しています。学生はどうして留学しましたか。

1　アニメに出てきた場所に行きたいから

2　アニメの専門学校*に行きたいから

3　アニメの研究がしたいから

4　アニメをたくさん見たいから

M（先生）：マリさんはどうして日本に留学しているんですか。

F（学生／マリ）：私、子どものころから日本のアニメがとても好きなんです。

日本にいれば、アニメに出てきた場所をいつでも見に行くことができますから。

M：え、それで留学？

F：あ、理由はそれではありません。私、①（

　　　　　　　　　　）。

M：じゃあ、大学院*に行きたいんですね。

F：いいえ。②（

　　　　　　　　　　　）。③（

　　　　　　　　　　　）。

M：そうですか。アニメが本当に好きなんですね。

F：はい。早く自分で作品をつくれるようになりたいです。

学生はどうして留学しましたか。

解答の
ポイント
・「え、それで留学？」「あ、理由はそれではありません。」：（アニメに出てきた場所を見に行くことは）留学の理由ではない。

・「将来アニメの研究をしたいんです。」：留学の理由はアニメの研究をすることだ。

◆**聞き取れますか？** の正解・少し難しい言葉（*）の翻訳は別冊にあります

やってみましょう

Let's try!
Hãy thử sức

 30

日付 ひづけ	／	／	／
得点 とくてん	／3	／3	／3

第1回
第2回
第3回
第4回
第5回
第6回
第7回
第8回
第9回
第10回

日本語能力試験形式問題　聴解（ポイント理解）

　この問題では、まず質問を聞いてください。そのあと、問題用紙を見てください。読む時間があります。それから話を聞いて、問題用紙の１から４の中から、最もよいものを一つえらんでください。

1 ばん 🔊 31

１	大人が正しく使うならいい おとな
２	大人ならどんなときに使ってもいい おとな
３	子どもが作文を書くときに使うならいい
４	子どもならどんなときに使ってもいい

2 ばん 🔊 32

１	国に帰りたいから
２	勉強したいから
３	本を読みたいから
４	涼しいから すず

3 ばん 🔊 33

１	使う金属*の量 きんぞく　　りょう
２	使う金属の種類 きんぞく　しゅるい
３	使う金属の燃え方 きんぞく　も　かた
４	使う金属のエネルギーの違い きんぞく　　　　　　　ちが

◆ **やってみましょう** の正解・スクリプト・少し難しい言葉（*）の翻訳は別冊にあります
せいかい　　　　　　　むずか　ことば　　ほんやく　べっさつ

文字・語彙　文法　読解　聴解

))) 聞き取れますか？ [🔊] 34
と

Can you comprehend? ◇ Bạn có nghe được không?

問題 まず話を聞いて、（　　）にことばを書いてください。それから、質問と
せんたくしを聞いて、1〜4の中から最もよいものを一つえらんでください。
もっと

1 [🔊] 35

ラジオで女の人が話しています。

F：「住めば都」という言葉があります。「都」は東京や大阪のような大きな
　　みやこ　　　　ことば　　　　みやこ　　とうきょう　おおさか
　　都会です。交通も便利だし、店もたくさんありますから、生活が便利で
　　とかい　こうつう　べんり　　　　　　　　　　　　　　　　せいかつ　べんり
　　す。反対に、田舎の生活は、静かですが、あまり便利ではありません。
　　　　はんたい　いなか　せいかつ　しず　　　　　　べんり
　　それで、「住めば都」というのは、「①（
　　　　　　　　みやこ
　　　　　　　　　　　　　　　　　　　　　） という意味だ」と思っている人がいる
　　ようです。私もそう思っていました。でも、②（　　　　　　　　　　　　　）。
　　実は、③（　　　　　　　　　　　　　　　　　　　　　　　　　　　　　）、
　　じつ
　　④（　　　　　　　　　　　　　　　　　　　　　　　） のです。

女の人は何について話していますか。
なに

1　住みやすいところがいいという考え

2　「住めば都」という言葉の意味
　　　みやこ　　　　ことば　　いみ

3　住むところは大きな町がいいという考え

4　「住めば都」という言葉の正しい使い方
　　　みやこ　　　　ことば　　ただ　　つか　かた

解答の
ポイント

・「でも、それは間違いでした。」：住むところは大きな町がいいという意味ではない。
　　　　　　　　まちが
　それ：「住むところは田舎ではなくて、大きな町がいい」という意味
　　　　　　　　　　　いなか
　⇒ 意味を説明している。
　　いみ　せつめい

⚠「実は、……という意味だった」：本当の意味は、……だった。
　　じつ　　　　　　　　　　　ほんとう

36

病院で医者が話しています。
いしゃ

M(医者)：冬が終わって春になると、気温が上がりますね。暖かくなるのはいい
　いしゃ　　ふゆ　　　お　　　　　　　　　　　　きおん　　　　あ　　　　　　　　　　　　あたた
　　ことですが、①(　　　　　　　　　　　　　　　　　　　　　　　　　　　　　)。

　　気温が変化すると、頭の中の血管*が広くなったり狭くなったりします。
　　きおん　へんか　　　　　あたま　なか　けっかん　　ひろ　　　　　　　　せま

　　②(　　　　　　　　　　　　　　　　　　　　　　) ことが多いのです。これは、

　　③(　　　　　　　　　　　　　　　　　　　　)。④(　　　　　　　　　　　) 頭痛が
　　　　　　　　　　　　　　　　　　　　　　　　　　　　　　　　　　　　　　ずつう

　　起こりやすくなりますが、これもやはり⑤(　　　　　　　　　　　　) と
　　お

　　考えられます。

医者は何について話していますか。
いしゃ　なに

１　春に起こる頭痛
　　はる　お　　ずつう

２　秋に起こる頭痛
　　あき　お　　ずつう

３　頭痛の種類
　　ずつう　しゅるい

４　頭痛の原因
　　ずつう　げんいん

解答の
ポイント

　・「気温の変化は頭痛の原因になります。」
　　きおん　へんか　ずつう　げんいん

　・「これもやはり気温の変化によると考えられます。」：秋に頭痛が起こりやすくな
　　　　　　　　　　きおん　へんか　　　　　　　　　　　　あき　ずつう　お
　　る原因は気温の変化だ。
　　げんいん　きおん　へんか

◆聞き取れますか?の正解・少し難しい言葉(*)の翻訳は別冊にあります
　き　と　　　　　　　せいかい　すこ　むずか　ことば　　　　ほんやく　べっさつ

やってみましょう

Let's try!
Hãy thử sức

🔊 37

日付 ひ づけ	／	／	／
得点 とくてん	／3	／3	／3

日本語能力試験形式問題　聴解（概要理解）

　この問題では、問題用紙に何もいんさつされていません。この問題は、ぜんたいとしてどんなないようかを聞く問題です。話の前に質問はありません。まず話を聞いてください。それから、質問とせんたくしを聞いて、１から４の中から、最もよいものを一つえらんでください。

1 ばん 38　　| 1　　2　　3　　4 |

2 ばん 39　　| 1　　2　　3　　4 |

3 ばん 40　　| 1　　2　　3　　4 |

◆ **やってみましょう** の正解・スクリプトは別冊にあります
　　　　　　　　　　せいかい　　　　　　　　　べっさつ

概要理解②
がいようりかい

聞き取れますか？
と

🔊 41

Can you comprehend? ◇ Bạn có nghe được không?

問題 まず話を聞いて、（　　）にことばを書いてください。それから、質問と
せんたくしを聞いて、1〜4の中から最もよいものを一つえらんでください。
もっと

1 🔊 42

男の人と女の人が話しています。

M：中山さん、忙しそうだね。
　　なかやま　いそが

F（中山）：うん、ちょっとね。この仕事、今日が締め切りだから。
　なかやま　　　　　　　　　　　　　　　　　　　　し　き

M：①(　　　　　　　　　　　　　　　　　　)。

F：ありがとう。②(　　　　　　　　　　　　　　)。でも、午後になって、間に合い
　　　　　　　　　　　　　　　　　　　　　　　　　　　　　　　ま　あ
　　そうもなかったら、お願いします。
　　　　　　　　　　　　ねが

M：わかった。いいよ。そんなときに、申し訳ないけど、明日は時間ある？
　　　　　　　　　　　　　　　　　もう　わけ　　　　　あした

F：え、明日？　明日なら、だいじょうぶだと思うけど、何？
　　　あした　　あした　　　　　　　　　　　　　　　なに

M：③(　　　　　　　　　　　　　　　　　　)、④(
　　　　　　　　　　　　　) と思って。

F：あ、そうだ、それ、忘れてた。ごめんなさい。
　　　　　　　　　　わす

M：ううん。じゃあ、⑤(　　　　　　　　　　　　)？　午前は会議があるから。
　　　　　　　　　　　　　　　　　　　　　　　　　　　　　かい　ぎ

F：2時ね。わかった。

男の人は何をするために来ましたか。
なに

1　仕事を手伝うかどうか聞くために来た。
　　　てつだ

2　説明会をするかどうか決めるために来た。
　　せつめいかい

3　打ち合わせをいつするか決めるために来た。
　　う　あ

4　説明会の打ち合わせをするために来た。
　　せつめいかい　う　あ

解答の
ポイント
・「来月の会社説明会の打ち合わせ、できたら明日やりたい」
　　らいげつ　かいしゃせつめいかい　う　あ　　　　　　あした
・「明日2時からでどう？」：打ち合わせはいつがいいか聞いている。
　　あした　　　　　　　　　　　　う　あ

◆ 聞き取れますか？の正解は別冊にあります
き　と　　　　　　　せいかい　　べっさつ

2 43

テレビでアナウンサーが話しています。

F（アナウンサー）：私たち人間は言葉を使ってコミュニケーションをしますが、
コミュニケーションをするのは人間だけではありません。多くの動物が
鳴き声を使います。では、①（　　　　　　　　　　　　　）。ある植物は、
虫に葉を食べられると、食べられるのを防ぐ *物質* を出します。すると、
その近くの植物も、まだ食べられていないのに、その物質を出します。
②（　　　　　　　　　　　　　　　　　　　　　　　　　　　　）
のです。

アナウンサーが伝えたいことは何ですか。

1　動物がコミュニケーションをしていること
2　植物がコミュニケーションをしていること
3　動物と植物のコミュニケーションの方法が違うこと
4　人間と動物、植物はコミュニケーションの方法が違うこと

**解答の
ポイント**　・「仲間に危険を知らせるコミュニケーションをしている」：近くの植物もほかの
植物に危険を知らせている。⇒植物もコミュニケーションをしている。

◆**聞き取れますか？**の正解・少し難しい言葉（*）の翻訳は別冊にあります

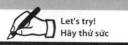

やってみましょう

Let's try!
Hãy thử sức

🔊 44

日本語能力試験形式問題　聴解（概要理解）

　この問題では、問題用紙に何もいんさつされていません。この問題は、ぜんたいとして
どんなないようかを聞く問題です。話の前に質問はありません。まず話を聞いてください。
それから、質問とせんたくしを聞いて、1から4の中から、最もよいものを一つえらんで
ください。

1 ばん 🔊 45　　| 1　　2　　3　　4 |

2 ばん 🔊 46　　| 1　　2　　3　　4 |

3 ばん 🔊 47　　| 1　　2　　3　　4 |

◆ **やってみましょう** の正解・スクリプトは別冊にあります
<small>せいかい　　　　　　　　　べっさつ</small>

文字・語彙
文法
読解
聴解

聞き取れますか？ 🔊 48
き と

Can you comprehend？ ◇ Bạn có nghe được không？

問題 えを見ながら質問を聞いて、（　　）にことばを書いてください。やじるし（➡）
の人は何と言いますか。１〜３の中からよいものを一つえらんでください。
ひと なん い

---

1 🔊 49 ｜ １ ２ ３

#$%&・・・　？

先生が言った言葉がよく聞き取れませんで
せんせい い こと ば き と
した。何と言いますか。
なん い

１　え？　今は何ですか。
いま なん
２　何と言いましょうか。
なん い
３　（　　　　　　　　　　　　　　）。

🔑 **解答の** ・「先生が言った言葉」→敬語：おっしゃった言葉→先生がおっしゃいました
ポイント せんせい い こと ば けい ご こと ば せんせい
　　　　　 ・「よく聞き取れませんでした」→もう一度言ってほしい
き と いち ど い

---

2 🔊 50 ｜ １ ２ ３

お客さんが待っている部屋に入ります。
きゃく ま へや はい
何と言いますか。
なん い

１　お先に失礼いたします。
さき しつれい
２　（
　　　　　　　　　　　　　　　）。
３　お待ちくださいませ。失礼しました。
ま しつれい

🔑 **解答の** ・「お先に失礼します」：自分が先にするときのあいさつ
ポイント さき しつれい
　　　　　 ・「失礼いたします」：部屋に入るときや出るときのあいさつ
しつれい へや はい で
　　　　　 ・「お待たせいたしました」：相手が待ったときのあいさつ
ま あい て ま
　　　　　 ・「お待ちくださいませ」＝待ってください
ま ま

◆聞き取れますか？の正解は別冊にあります
き と せいかい べっさつ

第1回
第2回
第3回
第4回
第5回
第6回
第7回
第8回
第9回
第10回

やってみましょう

Let's try!
Hãy thử sức

A 🔊 51

日付 ひづけ	／	／	／
得点 とくてん	／3	／3	／3

日本語能力試験形式問題　聴解（発話表現）

この問題では、えを見ながら質問を聞いてください。やじるし（➡）の人は何と言いますか。
1から3の中から、最もよいものを一つえらんでください。

1 ばん 🔊 52

| 1 | 2 | 3 |

2 ばん 🔊 53

| 1 | 2 | 3 |

3 ばん 🔊 54

| 1 | 2 | 3 |

◆ **やってみましょう** の正解・スクリプトは別冊にあります
せいかい　　　　　　べっさつ

Let's try!
Hãy thử sức
B 55

日付 ひづけ	／	／	／
得点 とくてん	／3	／3	／3

文字・語彙

文法

読解

聴解

日本語能力試験形式問題　聴解（発話表現）

この問題では、えを見ながら質問を聞いてください。やじるし（➡）の人は何と言いますか。
1から3の中から、最もよいものを一つえらんでください。

1 ばん 56

l	2	3

2 ばん 57

l	2	3

3 ばん 58

l	2	3

◆ **やってみましょう** の正解・スクリプトは別冊にあります
　　　　　　　　　　せいかい　　　　　　　　べっさつ

第9回

発話表現②

Verbal expressions ②
Cách diễn đạt lời nói ②

聞き取れますか？ 🔊 59

Can you comprehend ? ◇ Bạn có nghe được không?

問題 えを見ながら質問を聞いて、（　　）にことばを書いてください。やじるし（➡）の人は何と言いますか。1〜3の中からよいものを一つえらんでください。

1 🔊 60　　| 1　2　3 |

ホテルの部屋のエアコンがつきません。
何と言いますか。

1　すみません。（

　　　　　　　　　　　　　　　　　）。

2　すみません。エアコンが壊れました。
　　どうしますか。

3　すみません。エアコンは使わないん
　　ですか。

**解答の
ポイント**
・「エアコンがつきません。」→エアコンがつくようにしてほしい。

・「エアコンは使わないんですか。」：聞き手がエアコンを使うかどうか聞いている。

2 🔊 61　　| 1　2　3 |

言葉の意味がわからないので教えてもらい
たいです。何と言いますか。

1　「モトカレ」の意味を知りたいの？

2　（　　　　　　　　　　　　　　　）？

3　「モトカレ」はどう言えばいい？

**解答の
ポイント**
・「知りたいの？」：聞き手が知りたいかどうか聞いている。

・「『モトカレ』はどう言えばいい？」：「モトカレ」の言い方を教えてほしい。

◆**聞き取れますか？**の正解は別冊にあります

やってみましょう

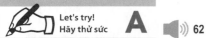

Let's try!
Hãy thử sức **A** 62

日付 ひづけ	／	／	／
得点 とくてん	／3	／3	／3

日本語能力試験形式問題　聴解（発話表現）

この問題では、えを見ながら質問を聞いてください。やじるし（➡）の人は何と言いますか。
1から3の中から、最もよいものを一つえらんでください。

1 ばん 63

l	2	3

2 ばん 64

l	2	3

3 ばん 65

l	2	3

やってみましょう

Let's try!
Hãy thử sức **B** 🔊 66

日付 ひづけ	/	/	/
得点 とくてん	/3	/3	/3

日本語能力試験形式問題　聴解（発話表現）

この問題では、えを見ながら質問を聞いてください。やじるし（➡）の人は何と言いますか。
1 から 3 の中から、最もよいものを一つえらんでください。

1 ばん 🔊 67

| 1 | 2 | 3 |

2 ばん 🔊 68

| 1 | 2 | 3 |

3 ばん 🔊 69

| 1 | 2 | 3 |

◆ **やってみましょう** の正解・スクリプトは別冊にあります
せいかい　　　　　　　　　　べっさつ

第1回　第2回　第3回　第4回　第5回　第6回　第7回　第8回　第9回　第10回

文字・語彙

文法

読解

聴解

 聞き取れますか？ 70

Can you comprehend? ◇ Bạn có nghe được không?

問題 まず文とそのへんじを聞いて、（　　）にことばを書いてください。
それから、1〜3の中から、最もよい返事を一つえらんでください。

1 🔊 71

お仕事中、おじゃましてすみません。
1　（　　　　　　　　　　　　　　　）。
2　忙しそうですね。
3　お仕事はどうですか。

解答の
ポイント　（女の人）「ちょっとお話ししたいことがあります。」

2 🔊 72

あ、玄関にだれか来たようだ。ちょっとすみません。
1　はい、だれですか。
2　（　　　　　　　　　　）。
3　はい、失礼します

解答の
ポイント　（男の人）「玄関へ行って、見てきます。ちょっと待っていてください。」

3 🔊 73

あのう、ここで電話するのは、ご遠慮いただきたいんですが。
1　どうぞご遠慮なく。
2　ありがとうございます。
3　（　　　　　　　　　）。

解答の
ポイント　（女の人）「ここで電話をしないでください。」

4 🔊 74

次の予約ですが、10日の1時でどうですか。
1　その日に予約したらどうですか。
2　（　　　　　　　　　　　　　　　　　　）。
3　そうですか。どうしましょう。

🔑 **解答の ポイント**　（女の人）「10日の1時でいいですか。」

5 🔊 75

もっとゆっくり休めばよかったのに。
1　（　　　　　　　　　　　　　　　　　　）。
2　それじゃ、休ませてください。
3　じゃあ、休みます。

🔑 **解答の ポイント**　（男の人）「あまり休みませんでしたね。もっと休んでもよかったんですよ。」

⚠️「〜ば / たら よかった」＝「〜しなかったのは残念だ」
「〜のに」：「〜」から予想されることと違うという気持ちを表す。
Expresses a feeling that is different from what you would expect from "〜".
Dùng để biểu thị cảm xúc, tâm trạng trái ngược với điều đã mong đợi ở「〜」.

6 🔊 76

いつもごちそうになって、申し訳ありません。
1　（　　　　　　　　　　　　　　　　　　）。
2　ごちそうさま、おいしかったです。
3　よくいらっしゃいました。

🔑 **解答の ポイント**　女の人は男の人に料理をごちそうになったので、お礼を言っている。

⚠️ごちそうになる＝ごちそうしてもらう（相手がごちそうする）

◆**聞き取れますか？**の正解は別冊にあります

やってみましょう

Let's try!
Hãy thử sức

A 77

日付 ひづけ	／	／	／
得点 とくてん	／8	／8	／8

日本語能力試験形式問題　聴解（即時応答）

この問題では、問題用紙に何もいんさつされていません。まず文を聞いてください。
それから、そのへんじを聞いて、1 から 3 の中から、最もよいものを一つえらんでください。

1 ばん 78 　 1　2　3　　　　**5 ばん** 82 　 1　2　3

2 ばん 79 　 1　2　3　　　　**6 ばん** 83 　 1　2　3

3 ばん 80 　 1　2　3　　　　**7 ばん** 84 　 1　2　3

4 ばん 81 　 1　2　3　　　　**8 ばん** 85 　 1　2　3

やってみましょう

Let's try!
Hãy thử sức

B 86

日付 ひづけ	／	／	／
得点 とくてん	／8	／8	／8

日本語能力試験形式問題　聴解（即時応答）

この問題では、問題用紙に何もいんさつされていません。まず文を聞いてください。
それから、そのへんじを聞いて、1 から 3 の中から、最もよいものを一つえらんでください。

1 ばん 87 　 1　2　3　　　　**5 ばん** 91 　 1　2　3

2 ばん 88 　 1　2　3　　　　**6 ばん** 92 　 1　2　3

3 ばん 89 　 1　2　3　　　　**7 ばん** 93 　 1　2　3

4 ばん 90 　 1　2　3　　　　**8 ばん** 94 　 1　2　3

◆ やってみましょう の正解・スクリプト・少し難しい言葉（*）の翻訳は別冊にあります
せいかい　　　　　　　　　　　むずか　　ことば　　　　　ほんやく　べっさつ

[行く・大きい・元気<u>だ</u>・休み<u>だ</u> 晉] **としたら**

> 行く・行かない・行った・行かなかった
> 大きい・大きくない・大きかった・大きくなかった
> 元気だ・元気ではない / 元気じゃない・元気だった・元気ではなかった / 元気じゃなかった
> 休みだ・休みではない / 休みじゃない・休みだった・休みではなかった / 休みじゃなかった

[行く・大きい・元気・休み 晉] **らしい**

> 行く・行かない・行った・行かなかった
> 大きい・大きくない・大きかった・大きくなかった
> 元気・元気ではない / 元気じゃない・元気だった・元気ではなかった / 元気じゃなかった
> 休み・休みではない / 休みじゃない・休みだった・休みではなかった / 休みじゃなかった

[行く・大きい・元気<u>な</u>・休み<u>な</u> 晉] **ので**

> 行く・行かない・行った・行かなかった
> 大きい・大きくない・大きかった・大きくなかった
> 元気な・元気ではない / 元気じゃない・元気だった・元気ではなかった / 元気じゃなかった
> 休みな・休みではない / 休みじゃない・休みだった・休みではなかった / 休みじゃなかった

[行く・大きい・元気<u>な</u>・休み<u>の</u> 晉] **ようだ**

> 行く・行かない・行った・行かなかった
> 大きい・大きくない・大きかった・大きくなかった
> 元気な・元気ではない / 元気じゃない・元気だった・元気ではなかった / 元気じゃなかった
> 休みの・休みではない / 休みじゃない・休みだった・休みではなかった / 休みじゃなかった

著者紹介

問題作成＋解説：

星野　恵子（元拓殖大学日本語教育研究所講師）

辻　　和子（ヒューマンアカデミー日本語学校東京校元校長）

問題作成協力：

桂　　美穂（ヒューマンアカデミー日本語学校東京校専任講師）

藤代ゆか（ヒューマンアカデミー日本語学校東京校主任講師）

翻　訳：　Andrew Tighe

　　　　　Tran Phuong Thuy／Lai Thi Phuong Nhung

録　音：　勝田 直樹

　　　　　かとう けいこ

イラスト：　　　　花色 木綿

カバーデザイン：　ナガイ アヤコ

編集協力：　　　　りんがる舎

ドリル&ドリル 日本語能力試験 N3 基礎力アップ　文字・語彙 / 文法 / 読解 / 聴解

2024 年 4 月 1 日 初版発行

[著　者]　星野恵子・辻和子　2024©

[発行者]　片岡 研

[印刷所]　シナノ書籍印刷株式会社

[発行所]　株式会社ユニコム

　　　　　Tel.03-5496-7650 Fax.03-5496-9680

　　　　　〒 153-0064 東京都目黒区下目黒 1-2-22-702

　　　　　http://www.unicom-lra.co.jp

ISBN　978-4-89689-515-5

UNICOM Inc.

ドリル＆ドリル
日本語能力試験
N3
基礎力
アップ
文字・語彙／文法／読解／聴解
著者：星野恵子＋辻 和子

別冊
べっさつ

Separate Booklet
Sách đính kèm

正解と
少し難しい言葉の
すこ　むずか　　　　　ことば
翻訳
ほんやく

Correct answers and translation of slightly difficult words
Bản dịch phần đáp án và các từ hơi khó

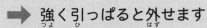

強く引っぱると外せます
つよ ひ　　　　　　　はず

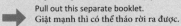

Pull out this separate booklet.
Giật mạnh thì có thể tháo rời ra được.

◆ 文字・語彙 ◆
正解と翻訳
せいかい　ほんやく

第1回

覚えましょう！
おぼ

食事（する） しょく じ	meal	ăn uống
（お）弁当 べんとう	lunch box	cơm hộp, bento
（お）酒 さけ	liquor, alcohol	rượu
酔う よ	get drunk	say, say rượu
米 こめ	rice	gạo
ご飯 はん	(cooked) rice, meal	cơm, bữa ăn
（米／ご飯を）炊く こめ　はん　た	cook (rice)	nấu (cơm)
炊飯器 すいはん き	rice cooker	nồi cơm điện
食器 しょっ き	tableware, the dishes	bát đĩa, dụng cụ ăn uống
かむ	bite, chew	nhai
かたい	hard	cứng
やわらかい	soft, tender	mềm
（しょうゆを）かける	pour on (soy sauce)	rưới (xì dầu)
（野菜・皿を）洗う や さい　さら　あら	wash (vegetables/dishes)	rửa (rau, đĩa...)
（肉・野菜を）切る にく　や さい　き	cut (meat/vegetables)	cắt (thịt, rau...)
煮る に	cook, stew	ninh, hầm
焼く や	burn, grill/bake/roast	nướng
くさい	stinky	mùi hôi
においが する	smells	có mùi
くさる	rot, go off	thiu, thối
保存（する） ほ ぞん	keep	bảo quản, lưu
冷蔵（する） れいぞう	cold storage	ướp lạnh, làm lạnh
冷蔵庫 れいぞう こ	refrigerator	tủ lạnh
冷凍（する） れいとう	freeze, frozen	làm lạnh
冷凍食品 れいとうしょくひん	frozen food	đồ ăn đông lạnh
インスタント食品 しょくひん	instant food	đồ ăn sẵn
電子レンジ でん し	microwave	lò vi sóng
便利（な） べん り	convenient	tiện, tiện lợi
栄養 えいよう	nutrition	dinh dưỡng

エネルギー	energy	năng lượng
（お）菓子 かし	sweets	bánh kẹo
デザート	dessert	món tráng miệng
朝食 ちょうしょく	breakfast	bữa sáng
昼食 ちゅうしょく	lunch	bữa trưa
夕食 ゆうしょく	dinner	bữa tối
晩ご飯 ばん　はん	dinner	bữa tối
予約（する） よ やく	reservation	đặt trước
キャンセル（する）	cancel	hủy, hủy bỏ
取り消す と　け		
禁煙席 きんえんせき	Non smoking seat	chỗ ngồi không hút thuốc
喫煙席 きつえんせき	smoking seat	chỗ ngồi hút thuốc
体調 たいちょう	physical condition	tình trạng sức khỏe
調子 ちょう し	condition	tình trạng, trạng thái
気分 き ぶん	feeling	tâm trạng
健康（な） けんこう	health	sức khỏe
睡眠 すいみん	sleep	ngủ
病気に なる びょう き	get sick	bị ốm, bị bệnh
頭 あたま	head	đầu
おなか	belly	bụng
指 ゆび	finger	ngón tay, ngón chân
～が 痛い いた	~ hurts	đau ~
頭痛 ず つう	headache	đau đầu
腹痛 ふくつう	stomach ache	đau bụng
転ぶ ころ	fall down	ngã
（頭／腰／ひざ を）打つ あたま　こし　う	hit (one's head/waist/knee)	va (đầu / hông / đầu gối)
倒れる たお	fall/come down, fall ill	rơi, ngã, đổ
救急車 きゅうきゅうしゃ	ambulance	xe cứu thương
患者 かんじゃ	patient	bệnh nhân
看護師 かん ご し	nurse	y tá
医師／医者 い し　い しゃ	(medical) doctor	bác sỹ
医院 い いん	clinic	phòng khám tư
歯医者 は い しゃ	dentist	nha sỹ
（医者に）診てもらう い しゃ　み	see (a doctor)	đi khám (bác sỹ)

検査(する) けんさ	examination, inspection xét nghiệm, kiểm tra
治療(する) ちりょう	treatment điều trị
手術(する) しゅじゅつ	operation, surgery phẫu thuật
保険証 ほけんしょう	health insurance card thẻ bảo hiểm
診察券 しんさつけん	patient registration card thẻ khám bệnh
診察室 しんさつしつ	(medical) consultation room phòng khám
検査室 けんさしつ	laboratory phòng xét nghiệm
レントゲン	x ray x-quang
薬局／薬屋 やっきょく　くすりや	pharmacy hiệu thuốc
薬を飲む くすり　の	take medicine uống thuốc
薬が効く くすり　き	the medicine works, the medicine is effective thuốc có tác dụng
効果 こうか	effect hiệu quả
目薬をさす めぐすり	point to eye drops nhỏ thuốc mắt
歯をみがく は	brush one's teeth đánh răng
予防(する) よぼう	prevention, precaution dự phòng, phòng
ワクチン	vaccine vắc xin
食欲がある／ない しょくよく	have an/no appetite có / không thèm ăn
体にいい／悪い からだ　　　　　わる	good/bad for the body tốt / có hại cho cơ thể
体力 たいりょく	physical strength, fitness thể lực
ダイエット	diet ăn kiêng
太る ふと	gain weight béo
やせる	lose weight, become thin gầy
体重が増える／減る たいじゅう　ふ　　　　へ	weight gain/loss tăng/giảm cân

練習しましょう
れんしゅう

❶ 1.**c**　　2.**d**　　3.**a**　　4.**b**

❷ 1.**b**　　2.**c**　　3.**d**　　4.**a**

❸ 1.**a**　　2.**c**　　3.**b**　　4.**d**

❹ 1.**c**　　2.**d**　　3.**a**　　4.**b**

やってみましょう

A ①1 ②3 ③4 ④2 ⑤3 ⑥3 ⑦2 ⑧4

B ①2 ②3 ③4 ④1 ⑤3 ⑥1 ⑦2 ⑧4

C ①2 ②4 ③4 ④1 ⑤1 ⑥2 ⑦4 ⑧1

第2回

覚えましょう！
おぼ

生活(する) せいかつ	life, lifestyle cuộc sống, sinh hoạt, sống
暮らす く	live sống
暮らし く	living cuộc sống, sinh kế
習慣 しゅうかん	habit thói quen
工夫(する) くふう	devise kỳ công
起きる - 起こす お　　　　　お	get up thức dậy - đánh thức
急ぐ いそ	hurry (up) nhanh chóng, vội vàng
散らかる - 散らかす ち　　　　　　ち	messy - make a mess bừa bãi - bày bừa
なくなる - なくす	disappear - lose bị mất, hết - đánh mất
探す さが	look for tìm
見つかる - 見つける み　　　　　　み	found - find được tìm thấy - tìm
こぼれる - こぼす	spill tràn, rơi - làm tràn, làm rơi
ふく	wipe lau
ぞうきん	rag khăn lau
流れる - 流す なが　　　　　なが	flow-run (water) chảy, trôi - xả, đổ
掃除機 そうじき	vacuum máy hút bụi
洗濯機 せんたくき	washing machine máy giặt
（シャツが）ちぢむ／のびる	(the shirt) shrinks/stretches (áo bị) co / dãn
ほす	dry phơi
かわく - かわかす	dry khô - sấy khô, phơi khô
湿る しめ	get moist/damp ẩm ướt
たたむ	fold gấp
しまう	put away cất
手間 てま	trouble, time công sức
手間がかかる てま	it takes time and effort mất công sức
- 手間をかける てま	take up someone's time tốn công sức
布団 ふとん	futon, Japanese mattress/comforter chăn
（お）風呂 ふろ	bath bồn tắm
ロッカー	locker tủ đựng đồ cá nhân
着替える きが	change (one's) clothes thay đồ
動く - 動かす うご　　　　うご	move cử động, chuyển động – di chuyển, dời

壊れる - 壊す こわ こわ	break bị hỏng, bị vỡ - làm hỏng, làm vỡ	
破れる - 破る やぶ やぶ	break, tear bị rách - làm rách	
修理（する） しゅう り	repair, fixing sửa chữa, tu bổ	
ごみ置き場 お ば	garbage storage nơi để rác	
燃やすごみ も	burnable garbage rác đốt được	
燃やさないごみ も	non-burnable garbage rác không đốt được	
プラスチック	plastic nhựa, đồ nhựa	
リサイクル	recycling tái chế	
もったいない	too good to waste lãng phí	
減る - 減らす へ へ	cut down, reduce giảm	
管理（する） かん り	management, administration quản lý	
売る／売っている う う	sell bán / đang bán	
売れる う	sell bán chạy	
金額 きんがく	amount of money / price số tiền	
お（札） さつ	bill, note tiền giấy	
無料／有料 む りょう ゆうりょう	free (of charge) / not free, at a charge miễn phí / mất phí	
サービス（する）	service dịch vụ	
注文（する） ちゅうもん	order đặt hàng, gọi món	
配達（する） はいたつ	delivery chuyển phát	
届く とど	arrive, reach đến, đến nơi	
受け取る う と	receive, get nhận, lấy	
必要（な） ひつよう	necessary, requisite, essential cần thiết	
十分（な） じゅうぶん	enough đầy đủ	
豊富（な） ほう ふ	rich, plentiful giàu, phong phú	
足りる／足りない た た	sufficient / insufficient đủ / thiếu	
予算 よ さん	budget, estimate dự toán	
むだ（な）	waste lãng phí	
節約（する） せつやく	saving tiết kiệm	
貯金（する） ちょきん	savings, deposit tiền tiết kiệm	
家賃 や ちん	rent tiền thuê nhà	
～費 ひ	~ expense phí ~	
◆交通費 こうつう ひ	transportation expenses phí đi lại	
◆生活費 せいかつ ひ	living expenses sinh hoạt phí	

食費 しょく ひ	food expenses tiền ăn
～代 だい	~ bill tiền ~
◆水道代 すいどうだい	water charges, water bill tiền nước
◆電気代 でん き だい	electricity charges, electricity bill tiền điện
～料金 りょうきん	~ fees/charges tiền ~
◆水道料金 すいどうりょうきん	water charges, water bill tiền nước
◆電気料金 でん き りょうきん	electricity charges, electricity bill tiền điện
予定（する） よ てい	plan dự định
スケジュール	schedule lịch trình, chương trình
都合（が いい／悪い） つ ごう わる	convenient / inconvenient tiện, thuận lợi / bận, bất tiện
無理（な） む り	impossible, unreasonable quá sức, không thể
忘れる わす	forget, leave quên
興味 きょう み	interest hứng thú, quan tâm
関心 かんしん	interest quan tâm, hứng thú
今週 こんしゅう	this week tuần này
週末 しゅうまつ	weekend cuối tuần
休日 きゅうじつ	day off ngày nghỉ
先日 せんじつ	the other day hôm trước, bữa trước
当日 とうじつ	the appointed day, on the (designated) day hôm đó
今朝 け さ	this morning sáng nay
ゆうべ	last night tối
夜中 よ なか	during the night đêm

練習しましょう
れんしゅう

❶ 1.**d**　　2.**a**　　3.**b**　　4.**c**

❷ 1.**c**　　2.**b**　　3.**a**　　4.**d**

❸ 1.**c**　　2.**d**　　3.**a**　　4.**b**

❹ 1.**a**　　2.**d**　　3.**c**　　4.**b**

■ 値上がり（する）＝値段が上がること
ね あ 　　　　　　ね だん あ

やってみましょう

A ①3 ②2 ③4 ④3 ⑤2 ⑥2 ⑦1 ⑧4

B ①1 ②3 ③2 ④4 ⑤2 ⑥2 ⑦1 ⑧4

C ①4 ②2 ③2 ④3 ⑤1 ⑥4 ⑦3 ⑧2

第3回

📖 **覚えましょう！**

交通（こうつう）	traffic giao thông
道（みち）	road đường
道路（どうろ）	road, street con đường
高速道路（こうそくどうろ）	expressway, highway đường cao tốc
通り（とお）	street đường
交差点（こうさてん）	intersection giao lộ
車道（しゃどう）	roadway đường ô tô
歩道（ほどう）	sidewalk đường đi bộ
角（かど）	corner, edge góc đường
曲がり角（まがど）	corner góc rẽ
（右 / 左 に）曲がる（みぎ / ひだり・ま）	turn (right/left) rẽ (phải/trái)
（信号 / 横断歩道 を）渡る（しんごう / おうだんほどう・わた）	cross (the traffic light / crosswalk) băng qua (đèn giao thông / đường dành cho người đi bộ)
目〔～つ目〕（め・め）	(1)st, (2)nd, (3)rd, (4)th, etc. thứ ～
目的地（もくてきち）	destination điểm đến
行き先（いゆさき）	destination nơi đến
～行き（いゆ）	to ～ hướng đi tới (ga nào đó) và đến ga đó là ga cuối cùng
～方面（ほうめん）	(bound) for ～, the direction of ～ hướng đi tới (ga nào đó) và sẽ dừng ở đó nhưng không nhất thiết ga đó phải là ga cuối cùng
方向（ほうこう）	direction phương hướng
方角（ほうがく）	direction phương hướng
アクセス	(traffic) access đường đi
コース	route lộ trình
出発する／出る（しゅっぱつ・で）	depart, leave xuất phát, khởi hành / ra khỏi, rời
到着する／着く（とうちゃく・つ）	arrive, reach tới nơi, đến nơi
運転（する）（うんてん）	driving lái xe
駐車（する）（ちゅうしゃ）	parking việc đỗ xe
通る（とお）	pass through đi qua
通り過ぎる（とお・す）	pass, go by đi quá
途中（とちゅう）	on the way trên đường, giữa đường
戻る（もど）	return quay lại
迷う（まよ）	get lost lạc, lạc đường
渋滞（する）（じゅうたい）	heavy traffic tắc nghẽn
（時間が）かかる（じかん）	(time) consuming mất (thời gian)
間に合う（ま・あ）	be on time kịp
トンネル	tunnel đường hầm
事故（じこ）	accident sự cố, tai nạn
ぶつかる	hit đâm vào, va vào
スピード	speed tốc độ
免許（めんきょ）	license giấy phép, bằng lái xe
安全（な）（あんぜん）	safe an toàn
危険（な）（きけん）	dangerous, unsafe, risky nguy hiểm
禁止（する）（きんし）	ban, prohibition cấm, cấm đoán
規則（きそく）	rule, regulations quy tắc
ルール	rule quy định
（規則 / ルール を）守る（きそく・まも）	follow (rules) tuân thủ (quy định / quy tắc)
（規則 / ルール を）破る（きそく・やぶ）	break (a rule) vi phạm (quy định / quy tắc)
鉄道（てつどう）	railroad, railway đường sắt
地下鉄（ちかてつ）	subway, underground tàu điện ngầm
空港（くうこう）	airport sân bay
船（ふね）	ship, boat thuyền
港（みなと）	port, harbor cảng, bến cảng
普通（電車）（ふつう・でんしゃ）	ordinary (train) (tàu) thường
急行（きゅうこう）	express (train) tàu nhanh
特急（とっきゅう）	limited express tàu tốc hành
新幹線（しんかんせん）	bullet train shinkansen, tàu siêu tốc
上り（のぼ）	up, inbound tàu đi lên thành phố lớn (chủ yếu để chỉ Tokyo)
下り（くだ）	down, outbound tàu đi từ thành phố lớn (Tokyo) về
行き（い）	bound, on the way there chuyến đi
帰り（かえ）	return, on the way back chuyến về
始発（しはつ）	first train chuyến tàu đầu tiên trong ngày
ホーム	platform sân ga
～番線（ばんせん）	track/platform (number) ～ đường ray số ～
駅員（えきいん）	station staff nhân viên nhà ga
乗客（じょうきゃく）	passenger hành khách

正解と翻訳

5

満員 まんいん	no vacancy, be filled to capacity chật cứng người, hết chỗ
乗車（する） じょうしゃ	ride lên tàu, lên xe
下車（する） げしゃ	getting off xuống tàu, xuống xe
発車（する） はっしゃ	departure tàu khởi hành, xuất phát
停車（する） ていしゃ	stop (of a vehicle/bus/train) dừng tàu, dừng xe
故障（する） こしょう	malfunction hỏng hóc, trục trặc
（電車が　駅に／台風で） でんしゃ　えき　たいふう 止まる と	(the train) stops (at the station / due to the typhoon) (Tàu) dừng (ở ga / do bão)
（電車／到着　が） でんしゃ　とうちゃく 遅れる／遅れている おく　　　おく	(the train/arrival) is late (Tàu/ Đến) bị trễ/ trễ
運賃 うんちん	fare giá vé
切符 きっぷ	ticket vé
往復 おうふく	round trip, both ways hai chiều
片道 かたみち	one way một chiều
切符売り場 きっぷう　ば	ticket office quầy bán vé
～券 けん	~ ticket vé ~
◆ 乗車券 じょうしゃけん	(train/bus) ticket vé lên tàu
◆ 特急券 とっきゅうけん	limited express ticket vé tốc hành
◆ 指定席券 していせきけん	reserved seat ticket vé ghế ngồi đặt trước
改札 かいさつ	ticket gate soát vé / cửa soát vé
席／座席 せき　ざせき	seat chỗ ngồi, ghế ngồi
指定席 していせき	reserved/designated seat ghế chỉ định, ghế đặt trước
自由席 じゆうせき	non-reserved seat ghế tự do
自由（な） じゆう	free tự do
パスポート	passport hộ chiếu
ビザ	visa visa
旅行（する）／旅 りょこう　　　　たび	trip du lịch, chuyến đi
泊まる と	stay ở lại, nghỉ lại
旅館 りょかん	ryokan, Japanese-style inn khách sạn kiểu Nhật
（荷物を）預ける にもつ　あず	leave (one's) baggage gửi (hành lý)
（タクシーを）呼ぶ よ	call (a taxi) gọi (tắc xi)
乗り場 の　ば	bus stop, platform, taxi stand, pier bến xe
移る うつ	move, shift, transfer dời chỗ, di chuyển

練習しましょう
れんしゅう

❶ 1.**b**　2.**d**　3.**a**　4.**c**
❷ 1.**a**　2.**c**　3.**d**　4.**b**
❸ 1.**b**　2.**a**　3.**d**　4.**c**
❹ 1.**d**　2.**b**　3.**c**　4.**a**

📖 通行（する）passage, traffic (through) / đi lại
つうこう
乗り降り（する）＝乗ることと降りること
の　お　　　　　　の　　　　　　お
シートベルト　seat belt / dây an toàn

やってみましょう

A ①4 ②3 ③4 ④1 ⑤2 ⑥2 ⑦3 ⑧2
B ①1 ②4 ③1 ④3 ⑤2 ⑥3 ⑦4 ⑧1
C ①1 ②3 ③4 ④2 ⑤3 ⑥1 ⑦3 ⑧4

第４回

📖 覚えましょう！
おぼ

建物 たてもの	building tòa nhà
アパート	apartment nhà trọ
マンション	condominium, apartment chung cư
車庫 しゃこ	garage ga ra ô tô
庭 にわ	garden vườn
地面 じめん	ground mặt đất
植える う	plant trồng
池 いけ	pond hồ nước
部屋 へや	room phòng
畳 たたみ	tatami, straw mat chiếu tatami
カーペット／じゅうたん	carpet thảm
たんす	wardrobe tủ quần áo
戸棚 とだな	cupboard tủ chén
しまう	put away cất
テーブル	table bàn
いす	chair ghế
ソファ	sofa sô pha
位置 いち	position vị trí
エアコン	air conditioner điều hòa
暖房（する） だんぼう	heating máy sưởi, lò sưởi

冷房（する） れいぼう	air-conditioning máy điều hòa làm mát, máy lạnh	人気（が ある） にんき	popular được hâm mộ, ưa chuộng
扇風機 せんぷうき	(electric) fan quạt điện	医院 いいん	clinic phòng khám tư
スイッチ	switch công tắc	図書館 としょかん	library thư viện
電灯 でんとう	light đèn điện	警察 けいさつ	police cảnh sát
（電気が）つく / 消える でんき　　　き	(light) turns on/off (điện) sáng - tắt	パトカー	police car ô tô cảnh sát
-（電気を）つける / 消す でんき　　　　け	turn on/off (a light) bật - tắt (điện)	幼稚園 ようちえん	kindergarten mẫu giáo
（スイッチが）入る/切れる	(switch) turns on/off (công tắc) bật /tắt	保育園／保育所 ほいくえん　　ほいくしょ	nursery school nhà trẻ
-（スイッチを）入れる/切る い　　　き	turn on/off (the switch) bật / tắt (công tắc)	プール	(swimming) pool hồ bơi
電池 でんち	battery pin	ジム	gym gym
入れ替える い　か	replace thay, đổi	（コンサート）ホール	(concert) hall hội trường (hòa nhạc)
建つ - 建てる た　　　た	be built - build xây	入場（する） にゅうじょう	entry vào cửa, vào
引っ越す ひ　こ	move chuyển nhà	出入口 で いりぐち	entrance/exit lối ra vào
行う おこな	do thực hiện, tổ chức	開く - 開ける あ　　　あ	hold, have mở
過ごす す	spend trải qua	閉まる - 閉める し　　　し	close đóng lại
日当たり（が いい / 悪い） ひ　あ　　　　　　わる	good/bad sunlight đón sáng (tốt/ kém)		
蒸し暑い む　あつ	hot and humid nóng ẩm		
住宅 じゅうたく	housing nhà ở		
住宅地 じゅうたくち	residential area khu dân cư		
通り とお	street đường		
駐車場 ちゅうしゃじょう	parking lot bãi đỗ ô tô		
環境 かんきょう	environment môi trường		
郊外 こうがい	suburbs ngoại thành		
空き地 あ　ち	vacant lot đất trống		
工事（する） こうじ	construction công trường xây dựng		
商店 しょうてん	store cửa hàng, cửa hiệu		
カフェ	cafe, coffee house quán cà phê		
ショッピングセンター	shopping center, shopping mall trung tâm mua sắm		
コンビニ ／コンビニエンスストア	convenience store cửa hàng tiện lợi		
便利（な） べんり	convenient thuận tiện, tiện lợi		
不便（な） ふべん	inconvenient bất tiện		
広告（する） こうこく	advertisement quảng cáo		
ポスター	poster tờ pa nô, áp phích, tờ quảng cáo		
パンフレット	brochure, pamphlet tờ rơi quảng cáo		

練習しましょう
れんしゅう

❶ 1.**c**　　2.**d**　　3.**b**　　4.**a**

❷ 1.**a**　　2.**c**　　3.**d**　　4.**b**

❸ 1.**c**　　2.**a**　　3.**d**　　4.**b**

❹ 1.**a**　　2.**d**　　3.**c**　　4.**b**

🔊 サイレン siren / còi hú

やってみましょう ✍

A ｜1｜4｜ ｜2｜2｜ ｜3｜3｜ ｜4｜1｜ ｜5｜2｜ ｜6｜3｜ ｜7｜1｜ ｜8｜4｜

B ｜1｜2｜ ｜2｜4｜ ｜3｜1｜ ｜4｜3｜ ｜5｜4｜ ｜6｜1｜ ｜7｜3｜ ｜8｜2｜

C ｜1｜2｜ ｜2｜1｜ ｜3｜4｜ ｜4｜3｜ ｜5｜2｜ ｜6｜1｜ ｜7｜4｜ ｜8｜3｜

第5回

📖 覚えましょう！
おぼ

趣味 しゅみ	hobby sở thích		
文化 ぶんか	culture văn hoá		
美術 びじゅつ	art mỹ thuật		
美術品 びじゅつひん	art tác phẩm mỹ thuật		
美術館 びじゅつかん	art museum bảo tàng mỹ thuật		
博物館 はくぶつかん	museum bảo tàng		
展覧会 てんらんかい	exhibition buổi triển lãm		

作品 さくひん	the work tác phẩm		枝 えだ	branch cành cây
画家 がか	painter họa sỹ		根 ね	root rễ cây
描く えが	draw vẽ		木 き	tree, wood cây
プロ	professional chuyên nghiệp		林 はやし	woods rừng thưa, rừng nhỏ
アマ／アマチュア	amateur nghiệp dư		森 もり	forest rừng rậm
技術 ぎじゅつ	technique, skill kỹ thuật		自然 しぜん	nature thiên nhiên, tự nhiên
映画 えいが	movie phim		光 ひかり	light ánh sáng
ドラマ	drama phim truyền hình		風 かぜ	wind gió
アニメ	animation phim hoạt hình		湖 みずうみ	lake hồ
マンガ	comic truyện tranh		宇宙 うちゅう	universe vũ trụ
ゲーム	game trò chơi điện tử		月 つき	moon mặt trăng
アイドル	idol thần tượng		星 ほし	star sao, tinh tú, chòm sao
ダンス	dance nhày		太陽 たいよう	the sun mặt trời
音楽 おんがく	music âm nhạc		地球 ちきゅう	the earth trái đất
音 おと	sound âm thanh, tiếng		スポーツ（を する）	(play) sports (chơi) thể thao
曲 きょく	music, tune ca khúc, bài hát		体操 たいそう	gymnastics thể dục
作曲（する） さっきょく	(musical) composition sáng tác nhạc		準備（する） じゅんび	preparation chuẩn bị
楽器 がっき	musical instrument nhạc cụ		トレーニング（する）	training tập luyện
ピアノ	piano đàn pianô		運動（する） うんどう	sport, exercise vận động, rèn luyện thân thể
バイオリン	violin viôlông		不足（する） ふそく	shortage, insufficient thiếu
レッスン（する）	lesson buổi học		～不足 ぶそく	lack of ~ thiếu ~
イヤホン	earphones tai nghe		◆運動不足 うんどうぶそく	lack of exercise thiếu vận động／tập luyện
クラシック（音楽） おんがく	classical music nhạc cổ điển		歩く ある	walk đi bộ
プログラム	program chương trình		走る はし	run chạy
拍手（する） はくしゅ	applause, clap vỗ tay		泳ぐ およ	swim bơi
上手（な） じょうず	be good at giỏi		水泳（する） すいえい	swimming bơi lội
下手（な） へた	be poor/bad at kém		試合（する） しあい	match trận đấu
動物 どうぶつ	animal động vật		大会 たいかい	competition, tournament giải thi đấu、đại hội
育てる そだ	grow, bring up, raise nuôi dưỡng		優勝（する） ゆうしょう	championship vô địch, giải nhất
ペット（を 飼う） か	(keep a) pet (nuôi) thú cưng		賞金 しょうきん	prize money tiền thưởng
散歩（する） さんぽ	walk, stroll đi dạo		オリンピック	the Olympic Games thế vận hội Olympic
植物 しょくぶつ	plant thực vật		～位 い	~ place thứ ~
種 たね	seed, origin hạt giống		◆1位／2位／3位 いいい	1st/2nd/3rd place thứ 1/2/3
葉 は	leaf lá cây		勝つ／勝ち かか	win thắng/chiến thắng

負ける／負け （ま）（ま）	lose thua / chiến bại
引き分ける／引き分け （ひ）（わ）（ひ）（わ）	draw hòa
監督 （かんとく）	director giám sát
コーチ	coach huấn luyện viên
アドバイス（する）	advice lời khuyên
練習（する） （れんしゅう）	practice, training luyện tập
選手 （せんしゅ）	player, runner vận động viên, cầu thủ, tuyển thủ
チーム	team đội
クラブ	club câu lạc bộ
コート	court sân
登山（する） （と ざん）	mountain climbing leo núi
登る （のぼ）	climb leo núi
（魚を）つる （さかな）	to fish / go fishing câu (cá)
つり	fishing câu
ドライブ（する）	drive lái xe
ピクニック	picnic dã ngoại, picnic
キャンプ（する）	camp cắm trại
温泉 （おんせん）	hot spring onsen, suối nước nóng
景色 （け しき）	scenery, view cảnh sắc, phong cảnh
ガイドブック	guidebook sổ tay hướng dẫn
計画（する） （けいかく）	plan kế hoạch
シーズン	season mùa
休み （やす）	rest/break, day off nghỉ giải lao, ngày nghỉ
休日 （きゅうじつ）	day off ngày nghỉ
連休 （れんきゅう）	consecutive holidays kỳ nghỉ dài

練習しましょう
（れんしゅう）

❶ 1.**b**　　2.**a**　　3.**d**　　4.**c**

❷ 1.**c**　　2.**b**　　3.**d**　　4.**a**

❸ 1.**d**　　2.**a**　　3.**c**　　4.**b**

❹ 1.**c**　　2.**b**　　3.**d**　　4.**a**

📖 ピアニスト　pianist / nghệ sỹ dương cầm

やってみましょう ✍

A ① 3 ② 2 ③ 1 ④ 1 ⑤ 1 ⑥ 4 ⑦ 3 ⑧ 2

B ① 3 ② 3 ③ 2 ④ 3 ⑤ 4 ⑥ 3 ⑦ 1 ⑧ 2

C ① 4 ② 2 ③ 4 ④ 3 ⑤ 2 ⑥ 4 ⑦ 1 ⑧ 3

第6回

📖 覚えましょう！
（おぼ）

授業（する） （じゅぎょう）	class, lesson giờ học, tiết học
試験（する） （し けん）	test, exam kỳ thi, kiểm tra
（試験／レッスン／授業／ （し けん）　　　　　　（じゅぎょう） 注意 を）受ける （ちゅう い）　（う）	take (an exam /lesson/ class/ warning) tham dự (kỳ thi / buổi học / lớp học), bị nhắc nhở
学ぶ （まな）	learn học
習う （なら）	learn học
学習（する） （がくしゅう）	studying giờ học
予習（する） （よ しゅう）	preparation for a new lesson học trước
復習（する） （ふくしゅう）	review ôn tập
出席（する） （しゅっせき）	attendance tham dự
欠席（する） （けっせき）	absence sự vắng mặt
通学（する） （つうがく）	going to school đi học
留学（する） （りゅうがく）	studying abroad du học
見学（する） （けんがく）	visit (for study), field trip dã ngoại thực tế
遅刻（する） （ち こく）	lateness trễ, muộn
指導（する） （し どう）	teaching, guidance hướng dẫn
注意（する） （ちゅう い）	attention, warning nhắc nhở, cảnh cáo
直す （なお）	repair, mend, correct sửa
ゼミ	seminar khóa học chuyên đề
論文 （ろんぶん）	paper, thesis luận văn
レポート	report báo cáo
テーマ	topic chủ đề, đề tài
データ	data dữ liệu
調べる （しら）	investigate, examine tìm hiểu, điều tra
提出（する） （ていしゅつ）	submission nộp
ページ	page trang
説明（する） （せつめい）	explanation giải thích
話し合う （はな）（あ）	discuss hội ý, nói chuyện
相談（する） （そうだん）	consultation, counseling bàn bạc, thảo luận
意見 （い けん）	opinion ý kiến
成績 （せいせき）	grade, score thành tích, kết quả
レベル	level cấp độ

面接（する） めんせつ	interview phỏng vấn	確かめる たし	check, confirm, verify xác nhận, xác thực
学期 がっき	semester học kỳ	チェック（する）	check kiểm tra
学部 がくぶ	department, faculty khoa	書類 しょるい	document giấy tờ
教育（する） きょういく	education giáo dục	表 ひょう	list, table bảng, bảng biểu
経済 けいざい	economy kinh tế	まとめる	summarize thu thập, tổng hợp
社会 しゃかい	society, social study xã hội	一度に いちど	at once cùng một lúc, một lần
文化 ぶんか	culture văn hoá	報告（する） ほうこく	report, statement báo cáo
文学 ぶんがく	literature văn học	重要（な） じゅうよう	important quan trọng
語学 ごがく	studying a foreign language ngôn ngữ học	ていねい（な）	careful, polite cẩn thận, lịch sự, từ tốn
心理学 しんりがく	psychology tâm lý học	楽（な） らく	easy, relaxed dễ, thoải mái
科学 かがく	science khoa học	給料 きゅうりょう	pay, salary lương
物理 ぶつり	physics vật lý	ボーナス	bonus thưởng
生物 せいぶつ	organism, creature sinh vật	時給 じきゅう	hourly wage lương giờ
学者 がくしゃ	scholar, scientist học giả	勤める つと	work, be employed làm việc
ビジネス	business kinh doanh	就職（する） しゅうしょく	getting a job tìm việc
オフィス	office văn phòng	入社（する） にゅうしゃ	joining a company vào công ty
職場 しょくば	workplace nơi làm việc	担当（する） たんとう	in charge of đảm nhiệm
社員 しゃいん	employee nhân viên	出張（する） しゅっちょう	business trip đi công tác
新入社員 しんにゅうしゃいん	new employee nhân viên mới	実行（する） じっこう	action, practice thực hành
上司 じょうし	one's superior/boss cấp trên	変更（する） へんこう	change thay đổi
先輩 せんぱい	one's senior đàn anh, người vào (công ty) trước	延期（する） えんき	postpone(ment) hoãn, sự trì hoãn
後輩 こうはい	one's junior đàn em, người vào (công ty) sau	中止（する） ちゅうし	cancel dừng, ngừng
アルバイト	part-time job, temporary staff làm thêm, nhân viên thời vụ	断る ことわ	refuse, decline từ chối
パート	casual job/worker nhân viên bán thời gian	～内 ない	inside the ~ trong ~
課 か	section, department phòng, ban	◆ 社内 しゃない	within a company trong công ty
営業（する） えいぎょう	sales bán hàng, kinh doanh	◆ 校内 こうない	inside the school trong trường học
会議（する） かいぎ	meeting, conference họp, hội nghị	◆ 国内 こくない	domestic trong nước, nội địa
会議室 かいぎしつ	meeting room phòng họp	国際 こくさい	international quốc tế
ミーティング（する）	meeting cuộc họp	海外 かいがい	abroad nước ngoài, hải ngoại
レクチャー（する）	lecture bài giảng		
セミナー	seminar hội thảo		
調査（する） ちょうさ	research điều tra		
試す ため	try, test thử, thử nghiệm		

練習しましょう

❶	1.**c**	2.**b**	3.**a**	4.**d**
❷	1.**d**	2.**c**	3.**a**	4.**b**
❸	1.**d**	2.**c**	3.**a**	4.**b**
❹	1.**d**	2.**a**	3.**c**	4.**b**

やってみましょう ✍️

A　①2　②4　③2　④3　⑤1　⑥4　⑦3　⑧1

B　①3　②1　③2　④1　⑤3　⑥4　⑦2　⑧4

C　①1　②1　③3　④4　⑤2　⑥3　⑦4　⑧2

第7回

📖 覚えましょう！

性格 せいかく	character, personality tính cách
性質 せいしつ	nature tính chất
友人 ゆうじん	friend bạn
知り合い し　あ	acquaintance người quen
人々 ひとびと	people nhiều người, người người
外国人 がいこくじん	foreigner người nước ngoài
年上 としうえ	older người lớn tuổi hơn
年下 としした	younger người nhỏ tuổi hơn
美人 びじん	beauty người đẹp
ハンサム（な）	handsome, good-looking đẹp trai
かわいい	cute dễ thương
かっこいい	cool đẹp trai
真面目（な） まじめ	serious, honest nghiêm túc, chăm chỉ
正直（な） しょうじき	honest thành thật
おとなしい	quiet, gentle, obedient người lớn
熱心（な） ねっしん	enthusiastic nhiệt tình
人気（が ある） にんき	popular được hâm mộ, phổ biến
ユーモア	humorous, funny hài hước
笑顔 えがお	smile, smiling face khuôn mặt tươi cười, rạng rỡ
幸せ（な） しあわ	happy hạnh phúc
かわいがる	adorable yêu quý, âu yếm
成長（する） せいちょう	growth trưởng thành
大人 おとな	adult người lớn
意地悪（な/する） いじわる	mean xấu tính
わがまま（な）	selfish ích kỷ
失礼（な） しつれい	rude thất lễ
勝手（な） かって	selfish ích kỷ, tùy tiện
グループ	group nhóm

サークル	circle, club, group câu lạc bộ
リーダー	leader người lãnh đạo
仲間 なかま	buddy, colleague, fellow member hội
交流（する） こうりゅう	interact giao lưu / giao lưu
相手 あいて	opponent, partner, the other person đối phương
（お）たがい	each other lẫn nhau
独身 どくしん	single, unmarried độc thân
夫婦 ふうふ	married couple vợ chồng
夫 おっと	husband chồng
妻 つま	wife vợ
家内 かない	wife vợ
親戚 しんせき	relatives họ hàng
兄弟 きょうだい	brother anh em
姉妹 しまい	sister chị em
祖父 そふ	grandfather ông
祖母 そぼ	grandmother bà
孫 まご	grandchild cháu
気持ち きも	feeling cảm xúc, tâm trạng
気分 きぶん	feeling cảm giác, thể trạng
感情（を 表す） かんじょう　　あらわ	express emotions thể hiện cảm xúc, tình cảm
態度 たいど	attitude thái độ
コミュニケーション	communication giao tiếp
トラブル	trouble vấn đề
悩み なや	worry lo lắng
ストレス	stress xì trét
生きる い	live sống
命 いのち	life sự sống, sinh mệnh
心配（な/する） しんぱい	concern, worry lo lắng
安心（な/する） あんしん	relief an tâm
怒る おこ	get angry nổi giận
けんか（する）	quarrel, fight cãi nhau
いじめる	bully trêu chọc, bắt nạt
だます	fool lừa, dụ dỗ

正解と翻訳

11

悪口 わるくち	bad language nói xấu
かわいそう（な）	pitiful, poor đáng thương, tội nghiệp
気の毒（な） き どく	feel sorry for someone đáng thương, đáng tiếc
許す ゆる	forgive tha thứ
泣く な	cry khóc
涙 なみだ	tears nước mắt
悲しい かな	sad đau buồn, buồn
くやしい	be frustrated, regrettable tiếc nuối, cay cú
喜ぶ よろこ	be happy vui mừng, phấn khởi
楽しみ たの	fun mong chờ, niềm vui
夢中（な） む ちゅう	be crazy (about), obsessed with mê mải, say mê
満足（な/する） まんぞく	satisfaction thỏa mãn, hài lòng
不満（な） ふ まん	dissatisfaction, complaint bất mãn, không hài lòng
困る こま	have trouble/difficulty gặp khó khăn, rắc rối
助ける たす	help cứu, giúp
手伝う て つだ	help, assist giúp, giúp đỡ
解決（する） かいけつ	solve giải quyết
（お）世話になる せ わ	receive kindness/favor/help mang ơn
ありがたい	be thankful biết ơn, cảm kích, đáng quý
（お）礼 れい	thanks, reward cảm ơn, lời cảm ơn
当たり前／当然 あ ま え とうぜん	naturally đương nhiên, hiển nhiên
気軽（な） き がる	casual thoải mái, thư thái
約束（する） やくそく	promise lời hứa, cam kết
信じる しん	believe, trust tin, tin tưởng
付き合う つ あ	be friends (with), date quen, hẹn hò, kết giao
愛する あい	love yêu
結婚（する） けっこん	marriage cưới, kết hôn
離婚（する） り こん	divorce ly hôn

練習しましょう
れんしゅう

❶ 1.**d**　2.**a**　3.**b**　4.**c**

❷ 1.**a**　2.**c**　3.**d**　4.**b**

❸ 1.**a**　2.**d**　3.**b**　4.**c**

❹ 1.**d**　2.**c**　3.**a**　4.**b**

やってみましょう

A　1 2　2 1　3 4　4 2　5 3　6 4　7 1　8 3
B　1 4　2 4　3 3　4 2　5 1　6 4　7 1　8 1
C　1 2　2 3　3 2　4 1　5 1　6 4　7 3　8 4

第8回

覚えましょう！
おぼ

国民 こくみん	the nation, the people công dân, nhân dân
市民 し みん	citizens thị dân
住民 じゅうみん	residents cư dân
首都 しゅ と	capital city thủ đô
地方 ち ほう	locality, regional area địa phương
◆～地方 ち ほう	~ region ~ địa phương
地域 ち いき	area khu vực
大使館 たい し かん	embassy đại sứ quán
役所 やくしょ	public/government office cơ quan hành chính
（役所／警察 に）届ける やくしょ けいさつ とど	report (to government office / police) nộp cho (cơ quan nhà nước / cảnh sát)
手続き（する） て つづ	procedure, formalities thủ tục
申し込む もう こ	apply đăng ký
順番 じゅんばん	order, turn thứ tự
期間 き かん	term, period khoảng thời gian
別々 べつべつ	separately riêng rẽ
確か（な） たし	sure, certain, positive đúng, chắc chắn
証明書 しょうめいしょ	certificate chứng chỉ, giấy chứng nhận
免許 めんきょ	license giấy phép
費用 ひ よう	expense, cost chi phí
保険 ほ けん	insurance bảo hiểm
郵便局 ゆうびんきょく	post office bưu điện
住所 じゅうしょ	address địa chỉ
氏名 し めい	(full) name họ và tên
生年月日 せいねんがっ ぴ	date of birth ngày tháng năm sinh
国籍 こくせき	nationality quốc tịch
性別 せいべつ	sex giới tính
男性 だんせい	man nam

文字・語彙　文法　読解　聴解

女性 じょせい	woman nữ
年齢 ねんれい	age tuổi
高齢 こうれい	old age cao tuổi
(お)年寄り としよ	the elderly người già
若者 わかもの	youth, the young lớp trẻ, giới trẻ
職業 しょくぎょう	job, occupation, work nghề nghiệp, công việc
企業 きぎょう	company, corporation công ty, doanh nghiệp
開発(する) かいはつ	development phát triển
競争(する) きょうそう	competition cạnh tranh
失業(する) しつぎょう	unemployment thất nghiệp
IT アイティー	IT; information technology công nghệ thông tin, IT
災害 さいがい	disaster thiên tai, thảm họa
事故 じこ	accident sự cố, tai nạn
事件 じけん	incident, case, happenings vụ án, sự kiện
起こる お	happen xảy ra
逃げる に	job, occupation, work bỏ chạy, chạy trốn
停電(する) ていでん	blackout, power failure mất điện
情報 じょうほう	information, news thông tin
新聞 しんぶん	newspaper báo
放送(する) ほうそう	broadcast phát thanh, truyền hình
パソコン	PC máy tính cá nhân, máy tính xách tay
インターネット／ネット	internet mạng internet
スマホ／スマートフォン	smartphone điện thoại thông minh
政治 せいじ	politics chính trị
政府 せいふ	government chính phủ
首相 しゅしょう	prime minister thủ tướng
時代 じだい	era thời đại, thời kỳ
経済 けいざい	economy kinh tế
景気 けいき	economic condition tình hình kinh tế
税金 ぜいきん	tax tiền thuế
宗教 しゅうきょう	religion tôn giáo
選挙(する) せんきょ	election bầu cử
選ぶ えら	choose, select lựa chọn, chọn
環境 かんきょう	environment môi trường

争い あらそ	competition, conflict tranh chấp, xung đột
法律 ほうりつ	law pháp luật
義務 ぎむ	obligation nghĩa vụ
消防署 しょうぼうしょ	fire department sở cứu hỏa
警察(署) けいさつ しょ	police (station) (sở) cảnh sát
ボランティア	volunteer tình nguyện
参加(する) さんか	participation tham gia
活動(する) かつどう	activities hoạt động
行う おこな	do thực hiện, tổ chức
変化(する) へんか	change, shift, transformation biến đổi, chuyển thành
〜化 か	-ize/-ise 〜hóa / thay đổi theo hướng
◆高齢化 こうれい か	aging già hóa (dân số)
◆少子化 しょうし か	declining birthrate tỷ lệ sinh giảm
◆温暖化 おんだん か	(global) warming hiện tượng nóng lên (toàn cầu)
〜化(が 進む) か すす	~ is progressing 〜hóa (ngày càng gia tăng / tiến triển)
気温 きおん	temperature nhiệt độ
プラス	plus, positive tích cực
マイナス	minus, negative tiêu cực
面 めん	aspect, side mặt, khía cạnh
◆マイナス面 めん	downside mặt tiêu cực, mặt xấu
◆いい面 めん	good side mặt tích cực, mặt tốt
◆便利な面 べんり めん	convenient aspect mặt tiện lợi
広がる ひろ	spread lan rộng, lan truyền
吸収(する) きゅうしゅう	absorption hút, hấp thụ

練習しましょう
れんしゅう

❶ 1.**b**   2.**a**   3.**d**   4.**c**

❷ 1.**c**   2.**b**   3.**d**   4.**a**

❸ 1.**d**   2.**b**   3.**a**   4.**c**

❹ 1.**d**   2.**c**   3.**a**   4.**b**

🚌 (川が)あふれる
   かわ
   (the river) flood / (sông) bị ngập, ngập lụt, tràn đầy

やってみましょう ✍

A ① 4 ② 1 ③ 2 ④ 3 ⑤ 2 ⑥ 4 ⑦ 1 ⑧ 4

B ① 2 ② 4 ③ 2 ④ 4 ⑤ 1 ⑥ 2 ⑦ 3 ⑧ 3

C ① 2 ② 2 ③ 1 ④ 4 ⑤ 2 ⑥ 1 ⑦ 2 ⑧ 1

◆ 文 法 ◆
正解と翻訳

第1回

練習しましょう A
問題1 ①か、も ②までに ③が ④さ
⑤か、か ⑥で、しか ⑦まで ⑧より
⑨でも ⑩に

問題2 ①a ②a ③b ④b ⑤a

練習しましょう B
問題1 ① ご存じですか
② お送りします
お待ちください／お待ちになってください
③ お借りしたい
④ ご案内します／ご案内いたします
⑤ お宅に伺います／参ります
⑥ 教えていただきたい
⑦ 来てくださって
⑧ いらっしゃいます
⑨ 申します

問題2 ①✕召し上がります→飲みます
②✕おります→いらっしゃいます
③✕やめれました
　　→やめられました／おやめになりました
④○
⑤✕ご上手→お上手
⑥○
⑦○
⑧✕お趣味→ご趣味
⑨○
⑩✕伺ってください
　　→お聞きください／おたずねください
⑪✕なさりいらっしゃいますか
　　→なさっていますか
　　　／なさっていらっしゃいますか
　　　／していらっしゃいますか
⑫○

第2回

練習しましょう A
問題 ①a ＊b ②a ③a ④b ⑤a
⑥b ⑦a ⑧a ⑩b

練習しましょう B
問題 ①a ②b ③a ④a ⑤a ⑥a
⑦b ⑧b ⑨a ⑩a ⑪b

第3回

練習しましょう A
問題1 ① 続けた（a） ② にくい（b）
③ 終わった（a） ④ だした（a）
⑤ すぎ（b） ⑥ やすい（a）

問題2 ① 待とう ② 調べよう ③ 来よう
④ しよう ⑤ 開ければ ⑥ 替えれば
⑦ 聞けば

知っていますか？
■ ガレージ＝車庫

練習しましょう B
問題1 ①a ＊b
②b ＊b
③b ＊a

問題2
① 渡る ときは、左右を よく見る ように
② 会う ために ご両親が 日本へ いらっしゃる
③ 長く 住んでいる から 日本語が 上手な
④ 母が 作って くれた 料理が とても おいし
かった

第4回

知っていますか？
■ 発明（する）invention / phát minh

練習しましょう A
問題1 ①✕建てれた→建てられた
②○
③✕出せる→出される
④✕冷えされた→冷やされた
⑤○
⑥✕読めれて→読まれて
⑦○
⑧○
⑨✕売れる→売られる

問題2	受身 うけみ	可能 か のう
❶		◯
❷	◯	
❸		◯
❹	◯	
❺	◯	
❻		◯
❼		◯
❽	◯	
❾		◯
❿	◯	◯

練習しましょうB れんしゅう

問題1 ❶b ❷a ❸b ❹b ❺a ❻a

問題2 ❶ ◯

❷ ✕ 届けせられます→届けさせます とど

❸ ✕ 直させられました→直させました なお

❹ ◯

❺ ◯

❻ ✕ させれて→させられて

❼ ◯

第5回

🗣 知っていますか？

📖 日用品 daily commodities / đồ dùng hàng ngày
にちようひん

練習しましょう れんしゅう

問題 ❶4 ❷1 ❸3 ❹1 ❺3 ❻2 ❼3 ❽3

📖 物価 prices / vật giá
ぶっか

✍ やってみましょう

A 1 1 2 3 3 2 4 3 5 2 6 4 7 1 8 4

📖 ～に夢中 ＝ ～が大好きで～のことばかり考え む ちゅう だい す かんが
ている

B 問題1

1 1 ³どちらかと ²いうと ¹一人で ⁴出かける ひとり で

2 3 ⁴上田君 ²くらい ³歌の ¹うまい うえ だ くん うた

3 4 ¹話す ³人も ⁴いれば ²ロシア語 はな ひと ご

問題2

1 1 2 3 3 4

📖 小動物 ＝ 成長しても体が小さい種類の動物 しょうどうぶつ せいちょう からだ ちい しゅるい どうぶつ

第6回

練習しましょう れんしゅう

問題 ❶4 ❷3 ❸1 ❹3 ❺4 ❻1 ❼1 ❽2

📖 消費期限 Use by date / hạn sử dụng
しょう ひ き げん

✍ やってみましょう

A 1 3 2 1 3 1 4 2 5 2 6 3 7 4 8 1

B 問題1

1 3 ²いい ⁴ことが ³あったと ¹見えて み

2 3 ⁴痛くて ¹しかたがない ³ので ²学校を いた がっこう

3 2 ¹読むのは ³どんなに ²がんばっても よ
⁴無理だ む り

問題2

1 1 2 2 3 3

第7回

🗣 知っていますか？

📖 ～とは限らない ＝ 必ず～ではない。～てない場 かぎ かなら ば
合もある。 あい

＊ 値段が高いからといって、いい商品だとは限らない ね だん たか しょうひん かぎ
＝ 値段が高ければ、必ずいい商品だとは言えない。 ね だん たか かなら しょうひん
よくない場合もある。 ば あい

～わけではない ＝ ～のではない（→第8回） だい かい

＊ 私は彼が好きだ。だからといって、結婚したいわけ わたし かれ す けっこん
ではない。＝私は彼が好きだ わたし かれ す

練習しましょう れんしゅう

問題 ❶4 ＊3 ❷2 ❸1 ❹2 ❺4 ❻3 ❼4

📖 会社説明会 company information seminar
かいしゃせつめいかい buổi giới thiệu công ty

✍ やってみましょう

A 1 2 2 3 3 4 4 3 5 1 6 2 7 4 8 4

B 問題1

1 3 ⁴と ¹いったら ³勉強もスポーツも べんきょう
²よくできる

2 4 ³会社で ²社員 ⁴として ¹働きたい かいしゃ しゃいん はたら

3 3 ¹とって ⁴家は ³安心できる ²ところ いえ あんしん

📖 代表 delegate, representative / đại diện
だいひょう

問題2

1 3 2 1 3 4

正解と翻訳

15

第8回

💬 知っていますか？

📖 宝くじ lottery / xổ số
　宝
　　たから
　絵本 picture book / sách tranh, sách Ehon
　え ほん

練習しましょう 👥
　れんしゅう

問題 ❶3 ❷4 ❸1 ❹3 ❺2 ❻4 ❼2 ❽1

やってみましょう ✍️

A ①4 ②2 ③4 ④1 ⑤4 ⑥2 ⑦2 ⑧3

B 問題1

①3 ²忙しい ⁴わりには ³給料が ²安いので
　　　いそが　　　　　　　　きゅうりょう　　やす
②1 ²名前を ⁴言って ¹からでないと ³中に
　　　なまえ　　い　　　　　　　　なか
③2 ³習った ¹といっても ²半年ぐらいなので
　　　なら　　　　　　　ほんとし
⁴上手では
　じょう ず

問題2

①2 ②4 ③1

第9回

練習しましょう 👥
　れんしゅう

問題 ❶2 ❷3 ❸4 ❹1 ❺4 ❻4 ❼2 ❽3

やってみましょう ✍️

A ①3 ②2 ③1 ④4 ⑤2 ⑥3 ⑦2 ⑧1

B 問題1

①3 ²言った ¹からには ³忙しくても
　　　い　　　　　　いそが
⁴行かなくては
　い

②2 ³ロボットが ¹家に ²あれば ⁴いいのに
　　　　　　　　いえ

③1 ⁴旅行に ³行く ¹わけには ²いかない
　　　りょこう　い

問題2

①4 ②2 ③3

📖 交流会 social gathering, networking event
　こうりゅうかい buổi giao lưu
　クラスメート classmate / bạn cùng lớ

第10回

💬 知っていますか？

📖 インフルエンザ the flu / cảm cúm

練習しましょう 👥
　れんしゅう

問題 ❶2 ❷4 ❸2 ❹2 ❺4 ❻1 ❼1 ❽4

やってみましょう ✍️

A ①2 ②2 ③4 ④1 ⑤4 ⑥3 ⑦3 ⑧1

📖 ゴルフ場 golf course / sân golf
　　　じょう

B 問題1

①1 ³読んでいる ²うちに ¹眠くなって ⁴寝て
　　　よ　　　　　　　　ねむ　　　　　ね
②2 ¹日本人は ³もちろん ²外国人の
　　　に ほんじん　　　　がいこくじん
⁴お客さんも
　きゃく

③4 ³対して ¹友達のような ⁴話し方を ²して
　　　たい　　ともだち　　　　はな　かた

問題2

①3 ②2 ③1

📖 長年 for many years / nhiều năm
　ながねん

◆◆ 読解 ◆◆
正解と翻訳
せいかい　ほんやく

第1回

🔍👤📻 わかりますか？

❶ 問い：（よく食べる）（あまり食べない）
　　　　（好きではない）
❷ 問1：（すると）（これ）（そして）
　　　問2：①私　②私　③私　④女の子　⑤女の子
　　　　　　わたし　わたし　わたし　おんな こ　おんな こ
❸ 問い：（それで）（はずだ）（それなのに）
　　　　（あったのではないだろうか）（しかない）
　　　　（ということだった）

📕 差し出す＝前のほうに出す hold out / chìa ra, giơ ra
　　さ　だ　まえ　　　だ

第2回

🔍👤📻 わかりますか？

❶ 2　　❷ 4

やってみましょう ✍️

(1) ☐1 3

(2) ☐2 2

(3) ☐3 1

📕 送り迎え(する) pick up and drop off / đưa đón
　　おく　むか
　　一人も残らずに＝だれも残らないで、みんな
　　ひとり　のこ　　　　　　　のこ
　　ブザー buzzer /còi báo động

第3回

🔍👤📻 わかりますか？

❶ 2　　❷ 4

やってみましょう ✍️

(1) ☐1 3

(2) ☐2 4

(3) ☐3 1

📕 一方的（な）one way, one sided / một chiều
　　いっぽうてき

第4回

🔍👤📻 わかりますか？

❶ 2　　❷ 3

やってみましょう ✍️

(1) ☐1 3

📕 発売(する) release, on-sale / bán ra, phát hành, ra mắt
　　はつばい

(2) ☐2 3

📕 ウサギ rabbit / con thỏ
　　イモリ newt / kỳ nhông

(3) ☐3 4

📕 宇宙物理学者 astrophysicist / nhà vật lý vũ trụ
　　うちゅうぶつりがくしゃ
　　関心を持つ＝興味を持つ、知りたいと思う
　　かんしん　も　　きょうみ　も　　　し　　　　　おも
　　生物学者 biologist / nhà sinh vật học
　　せいぶつがくしゃ

第5回

🔍👤📻 わかりますか？

問1：1　問2：3　問3：4

やってみましょう ✍️

(1) ☐1 2　☐2 3　☐3 4

📕 水をまく sprinkle water / tưới nước
　　みず
　　蒸発(する) evaporation / bốc hơi
　　じょうはつ
　　ベランダ balcony /ban công

(2) ☐1 2　☐2 4　☐3 3

📕 つらい hard, tough / khó khăn

第6回

🔍👤📻 わかりますか？

問1：3　問2：1　問3：3

やってみましょう ✍️

(1) ☐1 3　☐2 1　☐3 4

📕 入社式 welcome ceremony for new employees
　　にゅうしゃしき lễ chào đón nhân viên mới
　　＊〜式 ~ ceremony / lễ ~
　　　　しき

(2) ☐1 2　☐2 4　☐3 2

📕 もともと originally / vốn, vốn là

第7回

🔍💬 わかりますか？

問1：**4** 問2：**1** 問3：**2** 問4：**4**

✍️ やってみましょう

A 1 **1** 2 **3** 3 **2** 4 **2**

📖 割り箸 disposable wooden chopsticks
　　わりばし　　đũa dùng một lần

大量＝たくさんの量
たいりょう　　　　　りょう

その一方で meanwhile / mặt khác
　　いっぽう

一方＝もう一つの、別のほうについて言うと
いっぽう　　ひと　　　べつ　　　　　　　　い

B 1 **2** 2 **1** 3 **1** 4 **4**

第8回

🔍💬 わかりますか？

❶ **4** ❷ **2**

✍️ やってみましょう

A 1 **4** 2 **2**

📖 スピーチコンテスト speech contest / cuộc thi hùng biện

スポーツドリンク sports drink / nước uống thể thao

B 1 **1** 2 **3**

📖 食事券 meal ticket / phiếu ăn
しょくじけん
定休日＝店などが休みと決めている日
ていきゅうび　みせ　　　やす　　き　　　ひ
シェフ chef / đầu bếp

受け付ける accept / tiếp nhận, nhận
う　つ
軽食 snacks, refreshments / món ăn nhẹ ＝簡単な食事
けいしょく　　　　　　　　　　　　　　　かんたん　しょくじ
最終日＝（イベントの）最後の日
さいしゅうび　　　　　　　　　さいご　　ひ
サイン会 autograph session / buổi ký tặng
かい

◆◆ 聴解 ◆◆
ちょうかい
正解と翻訳＋スクリプト
せいかい　　ほんやく

第1回

🔊💬 わかりますか？

❶ 📖 花火大会 fireworks festival / lễ hội pháo hoa
はなびたいかい

❷ ①行こう ②帰ろう ③休もう ④田中さんだ
　　い　　　　かえ　　　やす　　　　たなか
　⑤いいと思う ⑥元気になると思う
　　　　　おも　　　げんき　　　　　おも
　⑦飲んでみる ⑧９時だよ ⑨残念ですね
　　の　　　　　じ　　　　ざんねん
　⑩エアコンを買わなくちゃ
　　　　　　　　か
　⑪かさを持っていかなくちゃ
　　　　も
　📖 デザイン design / thiết kế
　　　　　も

❸ ①アイスクリーム ②ほかのにする
　③焼き魚 ④休みだった ⑤残念だった
　　や　ざかな　やす　　　　　ざんねん
　⑥私の店で働きませんか
　　わたし　みせ　はたら
　⑦バスが来なかったんだもの ⑧します
　　　　こ
　⑨君が失礼なことを言ったからだよ
　　きみ　しつれい　　　　　い
　📖 今日のランチ Today's lunch / bữa trưa hôm nay
　　きょう

第2回

🔊🙂 聞き取れますか？
きと

❶ **2** ①空港へは市役所前から地下鉄をご利用
　　　　　くうこう　しやくしょまえ　　ちかてつ　　りよう
　　　　　ください
　📖 アナウンス announcement / thông báo

❷ **2**
　①昨日、山本さんに確認のメールをお送りしま
　　きのう　やまもと　　かくにん　　　　　　おく
　　した
　②５時になっても連絡がなかったら
　　じ　　　　　れんらく
　③午前中に資料を田中さんに渡してもらえますか
　　ごぜんちゅう　しりょう　たなか　　　わた

✍️ やってみましょう

1ばん：2

旅行会社 * の人が話しています。Bグループの人は
りょこうがいしゃ　ひと　はな　　　　　　　　　　ひと
どの順番で博物館をまわりますか。
じゅんばん　はくぶつかん

F：この「乗り物博物館」には３つの部屋があります。
の　ものはくぶつかん　　　　へや
　１番の部屋は乗り物の歴史の資料が並べてあり
　ばん　へや　の　もの　れきし　しりょう　なら
　ます。２番の部屋には世界のめずらしい乗り物
　ばん　へや　せかい　　　　　　の　もの
　が置いてあります。乗ってみることができるも
　お　　　　　　　の
　のもありますよ。３番の部屋では映画を見ます。
　　　　　　　ばん　へや　えいが　み
　自動車の新しい技術が紹介されている映画です。
　じどうしゃ　あたら　ぎじゅつ　しょうかい　　　　えいが

これからみなさんには、A・Bの2つのグループ
に分かれて、別々の順番で見学していただきます。
まず、Aグループは1番の歴史の部屋から2番に
移って、その後3番の部屋で映画を見てくださ
い。Bグループは最初に映画を見ます。それか
ら、歴史の部屋へ移って、最後に世界の乗り物を
見ます。3つの部屋をまわって、4時になった
らまたここに集まってください。

Bグループの人はどの順番で博物館をまわりますか。

🔲 旅行会社　travel agency / công ty du lịch
　　りょこうがいしゃ

2ばん：4

**男の人と女の人が話しています。男の人はこの後
まず何をしますか。**

M：新しい冷蔵庫を買ったんだ。それで、古い冷蔵
　　庫をフリーマーケット * で売りたいんだけど、
　　どうすればいいのかな。

F：公園の事務所のホームページ* から申し込むの。
　　名前と住所と電話番号と、何をいくつ売りたい
　　のかを入力する * だけ。

M：簡単だね。

F：あ、冷蔵庫の大きさを測って、入力する必要が
　　あるよ。

M：大きさは、冷蔵庫に書いてあるからすぐ入力で
　　きる。

F：それと、売れないものもあるから、始めに冷蔵庫
　　が OK かどうか、ホームページで確認してね。

M：うん、わかった。

F：事務所から参加 OK の返事が来たら、銀行で
　　参加料を払うんだよ。

M：ふうん。やってみるよ。教えてくれて、ありがとう。

男の人はこの後まず何をしますか。

🔲 フリーマーケット　flea market / chợ trời

　　ホームページ　web page / trang chủ

　　入力する　input / nhập
　　にゅうりょく

3ばん：3

**会社で女の人と男の人が話しています。男の人は
机をどう並べますか。**

F：すみませんが、午後の会議の準備を手伝って
　　もらえませんか。

M：はい。

F：机を並べてもらいたいんですが。

M：わかりました。参加者は何人ですか。

F：8人です。

M：8人だと、2人用の机が4つ必要ですね。
　　モニター * がよく見えるように、前向きに2台
　　ずつ並べましょうか。

F：今日はモニターを見ながら全員で相談するので、
　　おたがいの顔が見える形に並べてください。

M：わかりました。2つの列 * の間はどうしましょう。
　　空けますか。

F：いいえ、空けないでください。話しやすいほう
　　がいいので。

M：わかりました。

男の人は机をどう並べますか。

🔲 モニター　monitor / màn hình

　　列　line, row / hàng, dãy
　　れつ

第3回

🎧👤 **聞き取れますか？**
　　き と

❶ 4

① すぐに病院に行ったほうがいいよ

② 早く診てもらわなくちゃ

③ 薬だけでももらいたいです

④ 電話して、今から診てもらえるかどうか聞いて

❷ 3

① 入り口ではき替えました*

② はい、あちらのロビーに自動販売機があります

③ 着替えをお願いします

④ 荷物はロッカーに入れてください

🔲 はき替える
　　change (into other shoes/socks etc.) / thay giày dép

　　更衣室　change room / phòng thay đồ
　　こういしつ

やってみましょう ✍️

1ばん：1

**学校で先生と学生が話しています。学生は明日何時
のバスに乗りますか。**

M（学生）：先生、明日の社会見学 * ですが、9時半に
　　　　　上野駅に集まるんですよね。

F（先生）：ええ。駅で集まって、博物館に行きます。

M：あのう、私の家から博物館までバスで30分ぐら
　　いなんですが、上野駅までだと1時間ぐらいか
　　かるんです。それで、できたら博物館に直接行
　　きたいんですが、いいですか。

F：はい。でも、遅れては困りますよ。バスの時間は調べましたか。

M：はい。8時55分、9時5分、9時15分、その後も、10分に1本あります。どのバスも博物館の前に止まります。

F：そうですか。ええと、みんなが博物館に着くのは9時45分の予定ですから、必ずそれまでに来てください。

M：はい。9時15分のバスですね。

F：あ、でも、バスは遅れることもよくありますから、1本早いバスに乗ってください。

M：はい、そうします。ありがとうございます。

学生は明日何時のバスに乗ればいいですか。

📖 社会見学 school excursion / tham quan thực tế
　　しゃかいけんがく

2ばん：4

男の人と女の人が話しています。男の人はこの後まず何をしますか。

F：今日の午後の打ち合わせ、お客様がこちらにいらっしゃる予定だったけど、オンライン*に変わったんだって。

M：えっ、そうなんだ。僕、これからお客様に渡す商品の見本*を準備しようと思っていたんだけど。

F：オンラインだから、商品の見本は後で送ればいいよね。あ、そうだ。昼食のキャンセルをしなきゃ。お昼ご飯、いっしょにってことだったから、イタリア料理の店、予約してくれたでしょ。

M：うん、6人で予約してある。

F：それから、資料のデータ、少し直さなくっちゃね。

M：課長が作った資料だから、課長に直してもらったらいいんじゃない？

F：課長は午前中休むんだって。私、課長の手伝いをしたから、直せると思う。すぐに始めないと間に合わないから、悪いけど、お店のほう、お願い。

M：わかった。

男の人はこの後まず何をしますか。

📖 オンライン online / trực tuyến
　　＝インターネットを使った
　　　　　　　　　　　　つか

　　見本 sample / mẫu hàng, mẫu sản phẩm
　　みほん

3ばん：3

会社で女の人が話しています。明日、新入社員は何を持って行かなければなりませんか。

F：新入社員のみなさん、明日は工場を見学します。見学は2時間で終わります。その後、工場の近くにあるしらはま海岸でバーベキューをします。みんなで肉や野菜を焼いて食べますので、楽しみにしてください。
天気予報によると、明日はとても暑くなるそうです。太陽の光が強いので、必ず帽子とサングラス*を持ってきてください。バーベキューに使う肉や野菜などの食べ物は会社で用意します。道具も工場に置いてあるのでだいじょうぶです。あ、水などの飲み物は自分で用意してください。

新入社員は何を持って行かなければなりませんか。

📖 サングラス sunglasses / kính râm

第4回

👤 聞き取れますか？

❶ 4
① 新しいの入れたんだけど、だめなの
② それ、この部屋のじゃないんじゃない
③ あ、やっぱり
④ これ、違うよ

📖 リモコン remote controller / điều khiển từ xa

❷ 1
① あと10分か
② 午後はだめだし
③ 明日は土曜日なので、診察は午前中だけです
④ 日曜日と、木曜日は休みです
⑤ じゃあ、急がなくちゃ

やってみましょう ✍

1ばん：2

レストランで女の人が店員と話しています。女の人はどうして券が使えませんか。

F（客）：ごちそうさまでした。

M（店員）：ありがとうございます。スパゲッティとサラダとコーヒーで、1,580円です。

F：あのう、コーヒーが無料になる券があるんですけど。

M：ああ、その券は平日に600円以上注文された
　　ときにしかお使いいただけないんです。

F：あ、そうなんですか。

M：申し訳ありません。

女の人はどうして券が使えませんか。

2ばん：1

美術館の窓口*で女の人が係の人と話しています。
女の人は窓口で何を買いましたか。

F（客）：すみません。チケット1枚、お願いします。

M（係の人）：はい、1枚ですね。こちらの美術館と
　　となりの博物館がセットになったチケットも
　　ございます。別々に買われるより500円お安く
　　なっています。

F：あ、でも、博物館は結構です。あの、絵の説明
　　を聞くイヤホンを借りたいんですが。

M：そちらは会場の入り口にございます。

F：ああ、そうですか。わかりました。

M：それでは、チケットと、こちらは博物館と美術
　　館のご案内です。いってらっしゃいませ。

女の人は窓口で何を買いましたか。

　📖 窓口 (ticket) counter / quầy giao dịch

3ばん：4

ニュースでアナウンサーが話しています。**新しい図書
館の場所はどこですか。**

F（アナウンサー）：来年4月、みどり市に新しい図書館
　　がオープンします*。現在*みどり市にはみどり
　　公園に図書館がありますが、駅から遠いため、不
　　便だという声がありました*。最近ではとなりの
　　さくら市の図書館へ行くという人も増えていま
　　す。この図書館はさくら駅の地下*にあって、多
　　くの人に利用されています。みどり市の新しい図
　　書館も、駅からすぐ近くに作られることになりま
　　した。みどり駅から歩いて3分のところにある市
　　役所の4階で、駅と地下でつながって*います。
　　市役所に来たときや学校、会社、買い物の帰りな
　　ど、いつでも利用できるようになります。

新しい図書館の場所はどこですか。

　📖 オープンする open / khai trương, mở cửa

　　現在 the present / hiện tại

　　～という声がある ＝ ～という意見がある

地下 underground / tầng hầm, đường hầm
つながる connected / nối, kết nối

■ **第5回**

🎧 👤 聞き取れますか？

❶ 3

① 体力もつくしね

② ダイエットのためなんだね

③ そうじゃなくて、運動すると夜よく眠れるん
　だよ

❷ 3

① 将来アニメの研究をしたいんです

② 大学院*よりも、専門学校*でアニメを作る
　勉強をしたいんです

③ その後、アニメの仕事をしながら研究をする
　つもりです

　📖 大学院 graduate school / cao học, sau đại học
　　専門学校 vocational school / trường chuyên môn

やってみましょう ✍️

1ばん：1

男の人と女の人がAI*を使ったチャット*サービスに
ついて話しています。**男の人はこのサービスについて
どう言っていますか。**

F：最近AIを使ったチャットサービスが話題*に
　　なっていますよね。

M：ああ、キーワード*を入れるとAIが質問に答
　　えたり、文章を作ったりするサービスのことで
　　すよね。

F：はい。うちの子ども、作文がすごく苦手なんで
　　すけど、この前書いた作文がとても上手で……

M：ああ、AIに書いてもらったんですね？

F：そうなんです！　とてもいい作文だったので
　　びっくりしました。でも、作文は、自分でよく
　　考えて書くものですよね。

M：確かにそうですね。でも、AIは大人が正しく
　　使えば便利なものですよね。例えば、必要な
　　情報をまとめて*知りたいときとか。

F：ああ、そうですね。

M：どのように使うか、それが大事ですね。使い方を
　　考えることは、子どもには難しいでしょう。

男の人はこのサービスについてどう言っていますか。

■ AI　A.I. / trí tuệ nhân tạo, AI
エーアイ

　チャット　chat / trò chuyện, chat

　話題　topic / chủ đề
　わだい

　キーワード　keyword / từ khóa

　まとめて（〜する）summarize, compile / tổng thể, bao quát

2ばん：4

男の人と女の人が話しています。男の人はどうして
おとこ ひと おんな ひと はな おとこ ひと
図書館に行きますか。
としょかん い

F：夏休みどうするの？　国に帰るの？
　なつやす くに かえ
M：ううん。春休みに帰ったから。夏休みは毎日図
　はるやす かえ なつやす まいにち と
　書館に行くつもり。
　しょかん い
F：毎日勉強かあ。大学に入るためには、勉強しな
　まいにちべんきょう だいがく はい べんきょう
　くちゃね。
M：まあ、勉強も少しはするつもりだけどね。図書
　べんきょう すこ としょ
　館にはいろんな本があるし。
　かん ほん
F：そっか。本を読むのが好きなんだね。
　ほん よ す
M：うーん、嫌いじゃないけど。
　きら
F：え？
M：今うちのエアコン、壊れてるんだ。図書館に
　いま こわ としょかん
　行けばエアコンが効いていて涼しいからね。
　い き すず
F：なあんだ。

男の人はどうして図書館に行きますか。
おとこ ひと としょかん い

3ばん：2

テレビで男の人が話しています。花火の色は何で決
おとこ ひと はな はなび いろ なに き
まりますか。

M：花火の季節がやってきましたね。夜の空を明
　はなび きせつ よる そら あか
　るいきれいな色に変える花火大会を楽しみに
　いろ か はなびたいかい たの
　している人も多いと思います。この、花火の色は
　ひと おお おも はなび いろ
　どうやって決まるか知っていますか。花火は、
　き し はなび
　ナトリウム＊や銅＊などの金属＊を混ぜて作り
　どう きんぞく ま つく
　ますが、混ぜる金属が違うと、燃えるときの
　ま きんぞく ちが も
　エネルギーが変わります。私たちの目には、
　か わたし め
　その燃えるときのエネルギーの違いが色の違い
　も ちが いろ ちが
　に見えるんです。おもしろいですね。
　み

花火の色は何で決まりますか。
はなび いろ なに き

■ ナトリウム　sodium / natri

　銅　copper / đồng
　どう

　金属　metal / kim loại
　きんぞく

第6回

🎧 聞き取れますか？
　き と

① 2

　① 住むところは田舎ではなくて、大きな町がいい
　　す いなか おお まち
　② それは間違いでした
　　まちが
　③ どんな場所でもしばらく住んでいると
　　ばしょ す
　④ そこが住みやすいところになる、という意味
　　す いみ
　　だった

② 4

　① 気温の変化は頭痛の原因になります
　　きおん へんか ずつう げんいん
　② そのせいで頭痛が起こる
　　ずつう お
　③ 春だけではありません
　　はる
　④ 秋のはじめにも
　　あき
　⑤ 気温の変化による
　　きおん へんか

　■ 血管　blood vessels / mạch máu
　　けっかん

やってみましょう ✍

1ばん：2

テレビで女の人が話しています。
おんな ひと はな

F：私はちょっと変わった＊趣味をもっています。
　わたし か しゅみ
　それは、壊れたものや破れてしまったものの
　こわ やぶ
　修理をすることなんです。新しいものを買う前
　しゅうり あたら か まえ
　に、まず古いものを直してみようと思います。
　ふる なお おも
　セーターやシャツなどの切れたところを縫った
　き ぬ
　り＊していると、楽しくて時間がたつのを忘れる
　たの じかん わす
　こともあります。機械や家具の難しい修理は
　きかい かぐ むずか しゅうり
　できないけれど、かばんや靴の修理もします。
　くつ しゅうり
　新しいものを買わなければ節約になりますが、
　あたら か せつやく
　お金の節約より楽しみのほうがずっと大きいん
　かね せつやく たの おお
　です。

女の人は何について話していますか。
おんな ひと なに はな

1　新しいものを買わないほうがいいこと
　あたら か
2　自分で修理するのが楽しいこと
　じぶん しゅうり たの
3　お金を節約したほうがいいこと
　かね せつやく
4　趣味で節約をしていること
　しゅみ せつやく

■ 変わった　unique / kỳ lạ, khác thường
　か

　縫う　sew / may
　ぬ

2ばん：1

大学で先生と学生が話しています。
だいがく せんせい がくせい はな

F（学生）：先生、英語の勉強のことでちょっと相談し
　がくせい せんせい えいご べんきょう そうだん
　　たいんですが……。

M（先生）：はい、何でしょう。

F：私、話すことが下手で、スムーズな＊会話ができないんです。文法は中級まで勉強したんですが……。

M：そうですか。ええと、あなたは、話すとき、文法を間違えないように話そうと思っていませんか。

F：はい、正しい英語を話したいですから。

M：じゃあ、相手の人に、「私の話をぜひ聞いてもらいたい」という気持ち、そういう強い気持ちを持っていますか。

F：うーん、それよりも、文法を間違えずに正しく話したいんです。

M：そうですか。……あのね、大切なのは、正しく話そうと思うことよりも、話したい、聞いてほしいという気持ちなんです。その気持ちがないと会話がうまく進みませんよ。

二人は何について話していますか。

1　話すときの気持ち
2　正しい話し方
3　中級までの勉強
4　文法の大切さ

📖 スムーズ（な）smooth / suôn sẻ, trôi chảy

3ばん：2

ラジオで男の人が話しています。

M：少し前までは、買い物は店でするのが普通でしたね。でも、今は店まで行かなくても、家でスマートフォンやパソコンを使ってオンラインで買い物ができます。私もオンラインで買い物することが増えました。とても便利ですからね。けれども、この変化には困ることもあるんです。それは、商売をやめてしまう店が出てきたことです。例えば本屋ですね。本屋の店に入って、本棚から買いたい本を見つけるのは楽しいものです。でも最近は街の本屋さんが減ってしまったので、その楽しみも減ってしまいました。残念です。といっても、やっぱりオンラインでの買い物は便利ですから、これからも利用するつもりです。

男の人が伝えたいことは何ですか。

1　買い物が便利になったこと
2　買い物の変化には残念な面があること
3　オンラインを利用する人が増えたこと
4　買い物をする場所が変わったこと

第7回

🎧 **聞き取れますか？**

❶ 3

① 何か手伝おうか
② 今はだいじょうぶ
③ 来月の会社説明会の打ち合わせ
④ できたら明日やりたい
⑤ 明日2時からでどう

❷ 2

① 植物は、どうでしょうか
② 仲間に危険を知らせるコミュニケーションをしている

📖 防ぐ prevent / phòng, chống
　物質 substance / chất

やってみましょう ✍️

1ばん：2

ラジオで画家が話しています。

M（画家）：子どものときに読んで、忘れられない話があります。それは、絵をかくのが好きな少年が、貧しくて食べることもできず、教会で倒れて死んでしまうという悲しい話でした。しかし、その少年は、死ぬ少し前に、それまでとても見たいと思っていた教会の絵を見ることができました。そして、とても幸せな気持ちになりました。私は、それがどんな絵かとても気になりました。死ぬ前に絵を見て幸せな気持ちになった少年のことがずっと忘れられませんでした。この話を聞いてから私は絵をかくことに興味をもつようになったのです。

画家は何について話していますか。

1　何のために絵をかいているか
2　どうして絵をかくようになったか
3　いつから絵をかくようになったか
4　どんな話を読んでもらったか

2ばん：1

市役所の人が話しています。

F（市役所の人）：みなさん、今日から市民講座＊「俳句」が始まります。俳句は17の文字で季節や自然を表現する短い詩＊です。俳句を作ることには短い表現＊の中に日本語の美しさを知る楽しみ

もあります。講座は全部で5回ですが、途中から参加することもできます。ご家族やお友達もどうぞお誘いください。参加費は無料ですが、必ず申し込み*が必要です。

市役所の人は何について話していますか。

1　市民講座の内容
2　市民講座の申し込み方
3　市民講座の楽しさ
4　市民講座の予定

📖 市民講座 public lecture / khóa học cộng đồng
　詩 poetry / thơ
　表現 expression / diễn đạt, diễn tả
　申し込み poetry / thơ

3ばん：4

テレビでアナウンサーが話しています。

M（アナウンサー）：北日本鉄道によりますと、7日午後3時過ぎ、北山線のみどり山駅と大田駅の間で、上り普通列車が、台風6号の強風*で倒れかけていた*木にぶつかりました。乗客にけがはありませんでした。事故の影響*で、北山線は運転をやめていましたが、2時間30分後にまた運転を始めました。2本の列車が止まり、23本の列車に最大3時間10分の遅れが出て、およそ6,500人に影響がありました。

このアナウンサーが伝えたいことは何ですか。

1　大きい台風が来たこと
2　台風で木が倒れたこと
3　事故で電車が止まっていること
4　事故があって、その影響が大きかったこと

📖 強風＝とても強い風
　倒れかけていた＝もう少しで倒れそうだった
　影響 impact / ảnh hưởng

第8回

🎧 **聞き取れますか？**

❶ 3　今、何とおっしゃいましたか
❷ 2　失礼いたします。お待たせいたしました

✍️ **やってみましょう**

A

1ばん：3

上司の家で、帰るときにあいさつをします。何と言いますか。

1　もう帰るときになりました。
2　もう失礼です。
3　そろそろ失礼します。

2ばん：3

先生に久しぶりに会いました。何と言いますか。

1　先生、久しぶりですね。お変わりはありますか。
2　先生、お久しぶり。変わっていませんか。
3　先生、ごぶさたしています。お変わりありませんか。

3ばん：1

店でお金を払います。財布に1万円札しかありません。何と言いますか。

1　すみません。細かいのがないんです。
2　すみません。1万円で足りますか。
3　すみません。おつりをください。

B

1ばん：2

書類に部長のサインをもらいたいです。はじめに何と言いますか。

1　部長、とても忙しいですね。
2　部長、お仕事中すみません。
3　部長、ごめんください。

2ばん：1

電車に乗りました。座る席を探しています。

1　すみません。ここ空いていますか。
2　ここに座りたいです。いいですか。
3　すみません。ここに座りましょう。

3ばん：3

机をとなりの部屋に運ばなければなりません。近くにいる人に何と言いますか。

1　お願いします。これを運んでもいいです。
2　さあ、手伝ってあげましょうか。
3　ちょっと手伝ってくださいませんか。

文字・語彙　文法　読解　聴解

第9回

聞き取れますか？

❶ 1　エアコンがつかないんですが、見てもらえませんか

❷ 2　「モトカレ」って、どういう意味

やってみましょう

A

1ばん：1

約束の時間に遅れそうです。電話で何と言いますか。

1　申し訳ありません。15分ほど遅れそうなんです。
2　申し訳ありません。15分ほど遅くなりました。
3　申し訳ありません。15分遅れています。

2ばん：1

休み時間に同僚*とお茶を飲みます。ちょうどそのとき大山さんが部屋に入ってきました。大山さんを誘いたいです。何と言いますか。

1　大山さん、お茶、いっしょにいかがですか。
2　大山さん、お茶、飲んでいいですか。
3　大山さん、お茶、飲んでみましょうか。

📖 同僚 co-worker / đồng nghiệp

3ばん：3

日曜日に引っ越しを手伝ってもらいました。次の日会ったときにお礼を言いたいです。何と言いますか。

1　昨日引っ越してくださって、ありがとうございます。
2　昨日引っ越し手伝いましたね。よかったです。
3　昨日は大変お世話になりました。ありがとうございました。

B

1ばん：1

サクラ自動車の田村さんから同僚の上田さんに電話がかかっています。上田さんに何と言いますか。

1　上田さん、サクラ自動車の田村様からお電話です。
2　上田さん、サクラ自動車の田村様が電話をしています。
3　上田さん、サクラ自動車の田村様がお呼びです。

2ばん：2

電車の中にかばんを忘れました。駅員に何と言いますか。

1　私のかばんは電車の中です。どうしますか。
2　電車にかばんを忘れてしまったんですが。
3　私のかばんがありません。探してください。

3ばん：3

今日の夜、いっしょに食事に行く約束をしていましたが、行けなくなりました。何と言いますか。

1　すみません。今夜は行きません。
2　すみません。今夜はやめたいです。
3　すみません。今夜は行けなくなってしまったんです。

第10回

聞き取れますか？

❶：1　はい、何でしょうか
❷：2　はい、どうぞ
❸：3　あ、すみません
❹：2　10日の1時ですね、はい
❺：1　いえ、十分休みました
❻：1　いえいえ、どういたしまして

やってみましょう

A

1ばん：2

最近母の具合が、よくなくて*。
1　はい、おかげさまで。
2　それはいけません*ね。
3　お変わりありませんか。

📖 具合がよくない＝体の調子が悪い
それはいけません＝それはよくないです

※ 相手に同情する表現
Expressions that symphathize with the other person
cách biểu đạt sự đồng cảm với người khác

2ばん：3

お待たせして、すみません。
1　遅れるときは、連絡しますよ。
2　遅いね、どうしたのかな。
3　いいえ、私も今来たところです。

3ばん：2

約束を守らないなんて、どういうわけ？
1　ごめん。約束は守ってほしいね。
2　悪かった、ごめんね。
3　さあ、どういうわけだろう。

4ばん：1

今度の仕事、私にやらせていただけませんか。
1　じゃあ、お願いします。
2　だれかやってくれませんか。
3　はい、がんばります。

5ばん：1

その後、妹さんはどうしていますか。
1　おかげさまで元気です。
2　どういたしまして。
3　妹に聞いてみましょう。

6ばん：2

疲れたでしょう。そろそろ休んだらどうですか。
1　いいえ、まだ休まないでくださいね。
2　まだだいじょうぶですよ。
3　そろそろ休んでください。

7ばん：3

お子さんをここで遊ばせないでください。
1　失礼します。
2　どうぞ、いいですよ。
3　はい。わかりました。

8ばん：2

遅れるんなら電話をくれればよかったのに。
1　いえ、遅れないと思います。
2　ごめんなさい、スマホを忘れちゃって。
3　何時ごろ電話しましょうか。

B

1ばん：3

課長があなたのレポートを見たいって。
1　え、君も見たいの？
2　課長のレポートはどれだっけ。
3　わかった。すぐ持ってく。

2ばん：2

お荷物重そうですね。お持ちしましょうか。
1　はい、持ちましょう。
2　いえいえ、だいじょうぶです。
3　どうぞ持ってみてください。

3ばん：1

私でよければ、お手伝いしますが。
1　そうですか、助かります。
2　はい、よろこんで手伝いますよ。
3　私はいいと思います。

4ばん：2

お父様によろしくおっしゃってください。
1　はい、どうぞよろしく。
2　はい、伝えます。
3　何と言えばいいですか。

5ばん：3

その仕事、あなたがやってくれるの？　悪いね。
1　申し訳ありません。
2　じゃ、やってもらいましょう。
3　はい、だいじょうぶです。

6ばん：1

すみませんが返事は少し待ってもらえませんか。
1　はい、承知しました。
2　はい、失礼します。
3　はい、よろしいですか。

7ばん：3

これ、とてもおいしいです。料理、お上手ですね。
1　お世話になりました。
2　また、どうぞよろしくお願いします。
3　いえいえ、それほどでもありません*。

📖 それほどでもない　not so much / không đến mức đó

※ 謙遜の表現
Expression of modesty / cách biểu đạt sự khiêm tốn

8ばん：2

私、明日でないとそちらには伺えないんですが。
1　すみません。明日でもいいですか。
2　それじゃ、明日お待ちしています。
3　では、あさってはどうですか。

索引